En Combattant le Bon Combat - Comment lutter contre le terrorisme avec une mission de paix

Rogerio Cietto

Published by Rogerio Cietto, 2013.

En Combattant le Bon Combat –
Comment lutter contre le terrorisme avec
une Mission de Maintien de la Paix

INDEX

RÉSUMÉ

Ce travail présente le nouveau défi que le terrorisme impose à la communauté internationale au XXIème siècle ainsi que les acteurs internationaux en mesure d'y faire face, les instruments disponibles pour les contrer, et les méthodes pour les mettre en œuvre. Après une brève description des trois générations des opérations de paix menées par les Nations Unies et par autres acteurs internationaux et régionaux, nous exposons le cadre juridique pour les relations internationales concernant l'usage de la force, que sont le Droit internationale Humanitaire et les Droits de l'Homme. Plus tard, nous présenterons la menace à la paix et la sécurité internationales que représente le terrorisme, ses formes, méthodes et motivations, ainsi que ses relations avec les opérations de paix. Par après, nous exposerons notre vision, à savoir que le terrorisme doit être considéré comme un crime de droit international, dans le but de punir ses acteurs de manière efficace. Après une présentation du système des Nations Unies, et ses organes dédiés à la paix et au terrorisme, nous discuterons des efforts déployés jusqu'ici pour lutter contre la terreur, en particulier les efforts liés à la collecte d'intelligence. Pour finaliser, nous réaffirmerons la nécessité de respecter le Droit international humanitaire et les Droits de l'homme, et aussi défendre la souveraineté de l'État, pour combattre le terrorisme sur le long terme. Notre recherche repose sur une bibliographie et une documentation exhaustive.

Mots-clés: Opérations de Paix. Terrorisme. Droits de l'Homme. Droit international humanitaire.

ABSTRACT

This work discusses the new challenge that terrorism imposes on the international community in the Twenty First century, the international actors in position to tackle it, the instruments available to counter them, and the methods to implement them. After a brief description of the three generations of peace operations carried on by the United Nations and other international and regional actors, we will expose the legal framework for international relations concerning the use of force, that are, International Humanitarian Law and Human Rights Law. Later, we will explain the threat to international peace and security that constitutes terrorism, its forms, methods and motivations, as well as its relations to peacekeeping. After, we will assume that terrorism should be considered a crime under international law, in order to punish their actors effectively. After a brief presentation of the UN System, and its organs related to peacekeeping and terrorism, we will discuss the efforts made so far to combat terror, especially the gathering of intelligence. In the end, we affirm the need to respect International Humanitarian Law and Human Rights, and also defend State Sovereignty, to fight terrorism in the long term. This research is based on an extensive research relying on an extended bibliography.
Keywords: Peace Operations. Terrorism. Human Rights. International Humanitarian Law.

OFFREMENT

Cet étude est offerte, d'abord, à Dieu, qui a permis l'accomplissement de nos buts et a veillé pour tout e chacun des détails. Mon sincère remerciement à ma famille, Camila, Maísa et Alessa, pour chaque instant que j'étais absent, dû aux rendez-vous et les incountables jours en face des livres et des ordinateurs, et aussi pour l'appui et l'aide dans tous les jours, qui a donné des conditions essentielles pour l'accomplissement de cette travail.

Mes sincères remerciements pour M. Yvan Connoir, de l'UQAM et du Peace Operations Training Institute, pour l'orientation et avis sur cette travail.

My thanks to Col Nolasco, Col Lamim and Col Napolis, from the Brazilian Battalion in Haiti, for all support, experiences and examples.

"Le droit de la guerre, ainsi, est dérivé de la nécessité et de la justice stricte. Si les personnes qui directionnent la conscience ou les conseils de princes ne respectent pas ces principes, les conséquences sont horrides: quand ils procèdent sur les principes arbitraires de gloire, convenience et utilité, des torrents de sang vont étendre sur la Terre" Charles de Secondat, Baron de Montesquieu, De l'Esprit des Lois. Université de Nice, 2010.

LISTE D'ABBREVIATIONS

AC *Ante Christum* (Latin)
COL Colonel
COTIPSO Certificate of Training in Peace Support Operations
CT Counter Terrorism
CTC Counter Terrorism Committee
CTED Counter Terrorism Executive Directorate
DPKO Department of Peacekeeping Operations
DDA Department for Disarmament Affairs
DPA Department of Political Affairs
ECOSOC Economic and Social Council
FBI Federal Bureau of Investigation
FCE *Forces Conventionnelles en Europe*
GA General Assembly
ICC International Criminal Court
ICCPR International Covenant on Civil and Political Rights
ICJ International Court of Justice
ICTR International Criminal Tribunal for Rwanda
ICTY International Criminal Tribunal for the former Yugoslavia
DIH International Humanitarian Law
ISAF International Security Assistance Force
LoAC Law of Armed Conflict
MBA Master of Business Administration
MO Military Observers
MINUSTAH *Mission de Nations Unies pour la Stabilisation l'Haïti*
NSA National Security Agency
OAS Organization of American States
OCHA Office for the Coordination of Humanitarian Affairs
ODCCP Office for Drug Control and Crime Prevention
ONUC Opération des Nations Unies au Congo

ONUCA *Observadores de las Naciones Unidas en Centroamerica* (Spanish)

Res Resolution

ROE Rules of Engagement

SALT Strategic Arms Limitation Talks

SC Security Council

SG Secretary General

START Strategic Arms Reduction Treaty

TC Trusteeship Council

TCC Troop Contributing Countries

TSP Terrorist Surveillance Program

UN United Nations

UNAVEM United Nations Verification Mission in Angola

UNIFIL United Nations Interim Force in Lebanon

UNIIMOG United Nations Iran-Iraq Military Observer Group

UNGOMAP United Nations Good Offices Mission in Afghanistan and Pakistan

UNMIK United Nations Mission in Kosovo

UNMIL United Nations Mission in Liberia

UNTAET United Nations Transitional Administration in East Timor

UNTSO United Nations Truce Supervision Organization in Palestine

USA United States of America

USSR Union of Soviet Socialist Republics

1 - INTRODUCTION

Quand ce travail a été écrit, la Guerre à la Terreur (Déclaré par George W. Bush le 12 Sep, 2001, 10h53m horaire de Washington, <news.bbc.co.uk>) mené par quelques pays occidentales ont fait public ce qu'ils ont appelé un grand succès dans cette mission: la mort d'Osama Bin Laden au Pakistan, tête de l'organisation appelée Al Qa'ida, et le desassemblement de cette organisation. Des autres factions appuyées par Al Qa'ida, comme les Talibans au Afghanistan, sont aussi dit d'être affaiblies et démoralisées.

Ça semble contradictoire que, après tel succès dans la Guerre au Terreur, commencée après les évènements de 11 Septembre 2001, la paix et la sécurité internationales restent menacées par des attaques de représailles des groupes terroristes. Peut-être cette mission au Pakistan a donné ce qui les terroristes veulent le plus: un martyr pour s'en inspirer, et des idéales que, même corruptes, continuent à stimuler plusieurs personnes à mourir et à tuer.

En plus, les allégations de violations de Droits de l'Homme de détenus accusés ou suspectés de participation au terrorisme peut enflammer la haine que les terroristes ont besoin pour recruter des nouveaux membres pour leur cause. Pour lesquels qui ont connu seulement pauvreté et souffrance dans tous leurs vies, créer dans un monde fantastique est facile, et tout que les nouveaux membres doivent faire pour accomplir sa mission terroriste est créer que la terreur est la seule forme qu'ils/elles peuvent changer leurs conditions misérables.

Le Terrorisme fonctionne en mettant de la peur dans une population, et comme résultat le gouvernement perd sa crédibilité, parce que leurs citoyens espèrent un certain niveau de sécurité de l'État qu'ils vivent. Cependant, si le gouvernement lui-même se comporte de manière agressive contre sa population, avec le but de lutter contre des criminels ou des terroristes, le gouvernement perd sa crédibilité de la même façon. De toute façon, le terroriste gagne la déférence de la population.

Le but de cette étude est de montrer une solution alternative pour lutter contre le terrorisme, parce que la Guerre à la Terreur, même avec ses accomplissements, doit être redressée pour éliminer les causes qui font le terroriste venir en existence. Au prévenir les causes profondes de la terreur, les idéales et les croyances du terrorisme seront affaiblies.

Pour montrer comme la terreur peut être luttée à long terme, et être expulsée d'une population spécifique (minorités dans un pays faible, par exemple), il est essentiel de comprendre quelques sujets importants:

- Quelle est-elle l'autorité pour combattre le terrorisme?

- Quelles sont-elles les causes qui proportionnent le terrorisme à commencer?

- Quels efforts ont-ils été menés pour lutter le terrorisme?

- Qu'est-ce que c'est le terrorisme, quelles sont-ils les objectifs et les motivations des terroristes?

- Quelles sont-elles les règles et lois qui régulent cette situation?

Le terrorisme international, comme tous les menaces à la paix et la sécurité internationales, sont dans la juridiction du Conseil de Sécurité des Nations Unies, qui est responsable pour autoriser, ou non, des mesures contre des pays faillis ou des gouvernements qui stimulent ou appuient des activités terroristes, l'usage de la force inclus, c.-à-d., des activités militaires, embargos économiques, embargos d'armes, d'entre autres.

Pour le propos de cette étude, nous présenterons les différents formes des opérations de paix menées par les Nations Unies, pour trois motifs, qui montrent la relation entre les terroristes, d'une côté, et les Casques Bleus, de l'autre:

- Le terrorisme est plus probable de naître et être appuyé aux pays fragiles, avec une souveraineté faible, parce que les groupes peuvent maintenir ces activités sans répression locale;

Exemple: les camps d'entraînement terroriste de Al-Qa'ida ont été possibles au Afghanistan seulement parce que le gouvernement national n'a pas été capable de détecter et de fermer ses activités.

- Des gouvernements qui ne respectent pas, ou qui ne veillent pas les droits de l'homme de leurs populations sont aussi un bon milieu pour le recrutement des nouveaux membres pour la cause terroriste.

Exemple: l'intolérance ethnique et religieuse entre les Tutsis et les Hutus au Rwanda a résulté en actes terroristes dans lesquels des femmes et des enfants ont été tués ou mutilés (des enfants qui avaient ses mains coupés par machettes pour causer la peur dans tout le groupe ethnique).

- Quand le gouvernement use la force arbitrairement pour maintenir son pouvoir en face de la population, quelques citoyens peuvent se joindre dans les forces rebelles pour protester, ce qui aide les terroristes.

Exemple: la forme énergétique avec lequel la Police Politique Haïtienne (*Les Tonton Macoutes*) ont traité la population pendant le gouvernement de Jean-Claude Duvalier (*Bébé Doc*) peut faire les haïtiens opposer le gouvernement, et donner appui à les groupes locales pour lutter contre l'État (cette appui est normalement indirecte, avec la nourriture, le combustible et la cachette de les autorités).

Des pays avec cette forme de problèmes, dans le passé et au présent, sont du souci du Conseil de Sécurité des Nations Unies quand ils deviennent une menace ou rupture à la paix et la sécurité internationales, et quelques d'entre eux avaient, ou encore ont, une Mission de Paix déployé dans leur territoire. Dès qu'ils sont habitués à cette sorte d'opération, et sont préparés pour mener cette situation, les Casques Bleus peuvent être une solution alternative à la menace du terrorisme, si proprement autorisés et déployés.

Dans cette étude nous présenterons l'évolution des opérations de paix menées par les Nations Unies, les principes et lignes d'action qui gouvernent leurs activités, ses origines pendant la Guerre Froide, leur changement de rôle et de responsabilité après la fin de la Guerre Froide, la reformulation de ses objectifs après une période de retranchement, et ses principales succès et faillites.

Après, nous exposerons les principaux instruments légaux qui peuvent être appliqués dans les relations internationales entre les États et les individus, intégrés dans les règles de Droit International Humanitaire, dont les obligations doivent être respectées par tous les acteurs impliqués, les gouvernements, les militaires, les autres intervenants et le personnel de l'ONU.

Que c'est le terrorisme, comment il est utilisé par des individus et gouvernements dans diverses lieux du monde pendant l'histoire humaine et pour quelle raison, quelles sont les cibles primaire et secondaire des actes terroristes, ainsi que où et comment le terrorisme est plus probable de prospérer, sont expliqués en séquence.

Ensuite nous ferons une introduction sur la discussion controversée de la définition légale et la compétence juridictionnelle pour examiner des allégations d'actes terroristes et la poursuite en justice de ses acteurs, définition de haute importance pour la répression de cette forme de crime, et le besoin de ne pas sortir de l'État de Droit quand on prend des mesures coercitives.

Des conflits de compétence peuvent arriver quand deux ou plus organes juridictionnels se considèrent le seule organe responsable pour la procédure criminelle contre les terroristes. Ces conflits peuvent devenir entre des États ou entre un État et une cour internationale. La doctrine légale pour résoudre cette impasse est présenté par la suite.

Pour une meilleure compréhension du système des Nations Unies, nous aussi montrons la Charte de l'ONU, ses objectifs, ses principales organes et attributions, spécialement le Secrétariat et le Conseil de Sécurité, leurs rôles et capacités pour mener une opération de paix et recevoir des rapports d'actes de terrorisme, pour les répondre adéquatement.

Une brève étude des principales Résolutions du Conseil de Sécurité, Res 1373 (2001), 1456 (2003) et 1566 (2004) est faite, pour montrer les principales efforts, et conséquences, des directives donnés pour faire face à la menace terroriste.

Finalement, deux grands sujets sont dignes d'attention concernant la Guerre à la Terreur:

- Les instruments disponibles de Droit International Humanitaire et de Droits de l'Homme sont-ils adéquats pour faire face aux nouveaux défis que le terrorisme présente? Le DIH es-t-il un contretemps quand on lutte la terreur, ou la solution pour lutter la terreur proprement?

- La souveraineté d'un État es-t-il frappé quand autre État, ou une coalition d'États, ou la communauté internationale, prend une action à l'intérieur de son territoire contre des groupes terroristes? Est-il possible que cette acte cible la souveraineté de l'État, ou la protège contre des acteurs locaux?

Une réponse raisonnable à tous ces questions est nécessaire si la communauté internationale veut adresser des solutions de long terme aux menaces contre la paix et la sécurité internationales. Certainement cette étude ne peut pas donner tous les solutions, mais notre objectif est de d'apporter des nouvelles idées, méthodes et procédures à la tentative de résoudre un problème qui existe dans tout la longueur de l'histoire, et est loin d'être résolu.

Le titre de ce travail a été inspiré par la lettre de Saint Paul à Timothée, 4, 7 (*"J'ai combattu le bon combat, j'ai achevé la course* (traduit aussi comme *carrière* dans autres langues), *j'ai gardé la foi."*). Comme la traduction de la Bible a des différences dans chaque langue, il est utilisé l'expression "en combattant le bon combat" au lieu de "en luttant la bonne lutte", parce que la version de la Bible en portugais utilise le verbe "combattre", et cette verbe est plus relié aux conflits armés.

2 - L'HISTOIRE DES OPÉRATIONS DE PAIX

Avant la Charte de l'ONU, quelques efforts ont été faits pour prévenir un conflit de commencer, principalement par des acteurs régionaux. Quelques exemples sont la Ligue Delian de la Grèce ancienne du Cinquième Siècle AC, la *Pax Dei* (Paix de Dieu) et la *Treuga Dei* (Trêve de Dieu), par l'église médiévale catholique, qui interdisent toute forme d'hostilités dans certaines occasions (du premier Lundi de l'Avent jusqu'à l'Épiphanie, ou du Mercredi après-midi jusqu'au Lundi matin, en mémoire de la Résurrection de Jésus Christ) et aux lieux de nature religieuse.

Après, Emeric Crucé a offert, dans l'année 1623, une option pour la prévention des conflits. Son idée eut que tous les leaders gouvernementaux, dans l'Europe ou non, doivent faire une alliance pour résoudre les disputes internationales par moyen de la médiation dans un conseil mondial basé sur un lieu neutre. Cette idée a été suivie par d'autres accords visant la paix, comme la Paix de Westphalia (1648), Utrecht (1713), et Paris (1763).

Le premier système qui a essayé de mener complétement avec la prévention de conflits a été la Ligue des Nations, créée après la Première Guerre Mondiale, avec la mission de régler l'usage de la force dans les disputes entre les États, en utilisant la diplomatie collective et l'imposition de la paix. Malheureusement, elle n'a pas peut prévenir la Seconde Guerre Mondiale, donc les Nations Unies ont été créées, l'année 1945, pas pour régler la guerre, mais pour prévenir un conflit armé, *ipsis litteris, "à préserver les générations futures du fléau de la guerre"* (Préambule de la Charte de l'ONU).

Selon la Charte de l'ONU (Art. 1), la guerre n'est plus un moyen licite de résolution de conflits, et toutes les disputes doivent être résolues par moyens pacifiques, selon les principes de Droit International. L'usage de la force est une prérogative du Conseil de Sécurité (Chapitre VII), contre des actes menaçant la paix e la sécurité internationales, et seulement après que les autres mesures soient faites ineffectives, comme l'interruption des relations diplomatiques ou un embargo économique. L'usage de la force est aussi possible dans les cas de légitime défense, contre une agression armée (Art. 51).

Il n'y a pas de prévision légale pour les Opérations de Paix dans la Charte de l'ONU. Le Conseil de Sécurité peut décider qu'il y a une rupture de la paix e sécurité internationales et, en utilisant les pouvoirs du Chapitre VI (Règlement Pacifique des Différends) et Chapitre VII (Action en cas de menace contre la paix, de rupture de la paix et d'acte d'agression) de la Charte, rédiger une Résolution avec un mandat spécifique, utilisant des forces militaires avec le but de préserver la paix entre les parties belligérants.

En vertu du désagrément entre les deux superpouvoirs du Conseil de Sécurité (les États-Unis et l'USSR) pendant la Guerre Froide, les Opérations de Paix ont été créées comme une solution pour la résolution de conflits, un recours à d'autres moyens pour préserver la paix et la stabilité. Ils ont commencé avec des observateurs désarmés de cessez-le-feu entre des États, et après il a ajouté des troupes de diverses pays, et l'usage de la force a été légale seulement en légitime défense. Finalement, les Opérations de Paix ont inclus des efforts pour reconstruire les institutions politiques et l'État de Droit d'un pays donné.

Les Opérations de Paix ne sont pas une exclusivité du système de l'ONU, bien que la majorité des soldats déployés aujourd'hui utilisent le Casque Bleu et les signes distinctives de l'ONU dans leurs treillis. Des Organisations Régionales, basés sur les dispositions du Chapitre VIII de la Charte, et autorisées par le Conseil de Sécurité, peuvent utiliser des troupes pour prévenir des menaces à la paix et la sécurité. Par exemple, nous pouvons mentionner la Inter American Peace Force, créée l'année 1965 par l'Organisation des États Américaines (OAS) et déployée à la République Dominicaine pour prévenir la violence d'augmenter dû à l'instabilité politique qui a suivi l'assassinat du dictateur Rafael Trujillo l'année 1961.

L'histoire des Opérations de Paix peut être distinguée en trois périodes: pendant la Guerre Froide (de 1948 à 1987), juste après la Guerre Froide (de 1988 à 1996), et la résurgence des Opérations de Paix (de 1996 jusqu'à nos jours).

2.1. LES OPÉRATIONS DE PAIX PENDANT LA GUERRE FROIDE

Des Observateurs Militaires (MO's) ont été utilisés pour la première fois l'année 1947, pendant des hostilités dans l'Indonésie, pour veiller le cessez-le-feu signé entre l'Armée Royale Néerlandais et le gouvernement indonésien, et assister la répatriation des forces néerlandaises. Ça a utilisé les pouvoir du Chapitre VI de la Charte, principalement la diplomatie.

Le Conseil de Sécurité a pris la décision contre la rupture de la paix pendant la crise coréenne, l'année 1950. Cependant, il n'a pas été une Opération de Paix, parce que les forces n'ont pas été dans la direction du Secrétaire Général, ou du Conseil de Sécurité.

La première Opération de Paix a été créée pour faire face à la crise Arabo-Israélienne l'année 1948, après la création de l'État d'Israël. La *United Nations Truce Supervision Organization in Palestine* (UNTSO), qui est active jusqu'à nos jours, a la mission de veiller si la trêve est observé par les parties belligérantes. Le nom "peacekeeping" n'a pas été mentionné, mais il a été la première fois que des observateurs militaires avaient été déployés après un conflit.

Les principes d'impartialité et de consentement ont été définis par Ralph Bunche, d'entre les autres principes qui orientent l'organisation et le fonctionnement de l'UNTSO. Il a aussi décidé que des observateurs militaires ne doivent pas porter aucune sorte d'armes, pour éviter un engagement contre eux par quelque partie.

La controverse sur la nationalité des observateurs militaires a été résolue en demandant du personnel à tous les membres de la Commission de Trêve. Ils ont resté liés à leurs respectives armées nationales pour des motifs administratifs, mais ils ont reçu des ordres des autorités de l'ONU, et ils ont reçu leur paiement national plus une indemnité de l'ONU. Ils ont porté un brassard sur leurs treillis.

Avec l'aide des médiateurs de l'UNTSO, l'Israël a signé des armistices avec quatre États arabes (l'Égypte, la Jordanie, le Liban et la Syrie). Le Conseil de Sécurité a donné d'autonomie à l'UNTSO et il l'a placé sous l'autorité du Secrétaire Général, devenant la première mission de maintien de la paix dans l'histoire de l'ONU.

Il est espéré des pays hôtes (qui reçoivent les troupes de l'ONU dans leur sol) un grand dégrée de coopération avec le staff de l'ONU, et assurer sa sécurité, selon la Convention sur les Immunités et Privilèges des Nations Unies.

Les *peacekeepers* ont la compétence de mener avec des réclamations concernant le cessez-le-feu fait par les civiles locales ou les parties séparées. Veiller un cessez-le-feu signifie informer tout acte qui peut être interprété comme hostile contre une des parties, par exemple:

- La présence de troupes ou d'équipement dans les zones démilitarisées;

- La présence de lieux défensifs dans les zones démilitarisées;

- Des tirs à travers d'une ligne de démarcation entre les parties;

- Survols dans l'espace aérien interdit;

- Croisement interdit de la ligne de démarcation.

D'autres missions d'observation de l'ONU ont été déployées dans la frontière Inde-Pakistan l'année 1949 et aussi 1969, Liban le 1958, Yémen le 1963, et la République Dominicaine le 1965. Tous ont des tâches directes, comme veiller un lieu de frontière, supervisioner le retraitement des troupes ou un cessez-le-feu ou un armistice, et normalement avec une durée limitée.

2.2. LES OPÉRATIONS DE PAIX JUSTE APRÉS LA GUERRE FROIDE

La rivalité entre les deux superpouvoirs a commencé à diminuer après le retraitement des troupes soviétiques de l'Afghanistan, et les conséquences du cours armamentiste avec les États-Unis dans l'économie russe. La nouvelle politique instauré par Mikhaïl Gorbatchev, appelée *Glasnost* (ouverture politique) et *Perestroïka* (restructuration économique) ont diminué les tensions internationales, et les relations entre l'Union Soviétique, après la Russie, et les États-Unis ont changé, de compétition à coopération.

Après la Guerre Froide, des nouvelles missions de maintien de la paix ont été déployées, avec l'appui des deux superpouvoirs, et ont accompli leurs missions:

- *UN Good Offices Mission in Afghanistan and Pakistan* (UNGOMAP) l'année 1988, pour veiller le retraitement des troupes soviétiques, et recevoir des réclamations concernant des violations du cessez-le-feu;

- *UN Iran-Iraq Military Observer Group* (UNIIMOG) l'année 1987, pour établir et veiller les lignes de cessez-le-feu, et supervisioner le retraitement des forces;

- *UN Angola Verification Mission* (UNAVEM) l'année 1988, pour veiller le retraitement des forces cubaines d'Angola, et de supervisioner le procès de paix mené par les parties belligérants;

- *UN Observer Group in Central America, in Costa Rica, El Salvador, Guatemala, Honduras and Nicaragua* (ONUCA) l'année 1989, dont sa complexe mission a été de veiller le compromis des gouvernements en s'abstenir d'appuyer des forces irréguliers et mouvements insurrectionnels (ce qui inclut l'usage des installations de transmission de radio et de télévision pour les opérations militaires), et de ne pas attaquer un État par moyen du territoire d'autre État;

- *UN Transition Assistance Group*, en Namibie, pour supervisioner le cessez-le-feu avec l'Afrique du Sud, veiller le retraitement des troupes sud-africaines, ainsi que des mouvements de rebelles.

D'autres missions pendant le période 1988-1996 ont été considérées comme un échec (RAM, Sunil. The History of United Nations Peacekeeping Operations *following the Cold War*, pg. 219), à raison de:

- Passivité en Bosnie, dû à l'absence de compromis dans la restructuration de la police locale, le système judiciaire, et le maintien de la loi et de l'ordre;

- Absence d'efficience au Haïti, parce que l'UNMIH n'a pas été capable de qualifier la Police Nationale Haïtienne et promouvoir la réconciliation nationale et la réhabilitation économique;

- Insensibilité au Rwanda, parce qu'ils n'ont pas réagi en temps de prévenir le génocide;

- Trop d'agressivité et absence de compromis en Somalie, parce que les agences internationales d'aide humanitaire ont été volés par des militias et des bandits armés.

D'autres raisons pour l'échec de quelques opérations de maintien de la paix sont le changement de la nature du conflit, de conflits inter-états caractérisés par la dispute entre les deux superpouvoirs et leurs alliés, aux conflits intra-état, avec plusieurs factions armées locales, forces irrégulières et militias, qui respectent des cessez-le-feu seulement quand ils lui donnent un avantage militaire.

Après quelques contretemps, le Secrétaire-Général Boutros Boutros-Ghali a conclu son Supplément à *An Agenda for Peace* (Idem, pg. 180), le Janvier 1995, en réitérant le besoin d'une adhérence stricte aux principes de consentement, impartialité et usage minimale de la force, et a averti du péril de bouleverser la distinction entre maintien et imposition de la paix. Le dernier doit être délégué à un grand pouvoir ou une organisation régionale.

En plus, les principes de base du maintien de la paix ont été interprétés pour être utilisés d'une forme plus pragmatique:

- le Consentement doit être donné au niveau stratégique (par l'autorité de l'état) plutôt qu'au niveau tactique (par la population);

- l'Impartialité (ne pas prend position dans un conflit) est différent de la Neutralité (ne pas interférer dans les affaires internes d'un pays);

- l'ONU doit être préparée pour défendre des civils, même si le mandat n'est pas explicite sur ce pouvoir, parce que tel mission est espérée par la présence des troupes de l'ONU.

2.3. LA RÉSURGENCE DES OPÉRATIONS DE PAIX

Les échecs des quelques opérations de maintien de la paix pendant le période 1988 – 1996 a conduit à des grands changements de la dimension, but et complexité de cette forme d'instrument de l'ONU. Des objectifs multidimensionnels ont été inclus, de façon que les Casques Bleus soient tenus d'avoir des capacités en droits de l'homme, police civile, assistance électorale, aide aux réfugiés et capacités de construction de nations. Des capacités militaires basiques sont encore nécessaires, mais elles ne sont pas suffisantes.

Les missions d'atténuer la souffrance humaine et de créer des institutions pour édifier une paix auto-soutenable sont les mêmes, mais la méthodologie a changé.

Ces missions de maintien de la paix multidimensionnelles sont composées d'un composant militaire, qui est armé mais éventuellement il n'use pas d'armes, et un composant civil pour les tâches de construction de nations. Les objectifs primordiales de ces nouvelles opérations de paix sont de:

- Éviter un conflit avant qu'il commence, ou interdire qu'il traverse les frontières du pays;

- Veiller un cessez-le-feu et stabiliser une situation de conflit, de façon à créer des conditions pour un accord de paix durable;

- Aider dans la mise en œuvre des accords de paix exhaustifs;

- Assister des États dans la transition à un gouvernement basé sur la démocratie, la bonne gouvernance et le développement économique.

La résurgence a commencé après le Rapport Brahimi (RAM, Sunil. *The History of United Nations Peacekeeping Operations from Retrenchment to Resurgence*, pg. 131), l'Août 2000. Il a recommandé la restructuration du Département d'Opérations de Maintien de la Paix (DPKO), une unité d'analyse pour assister en informations concernant la paix e la sécurité à tous les départements de l'ONU, et un groupe de travail intégré à New York pour planifier et appuyer une opération de paix dès sa naissance.

Le Rapport Brahimi a aussi énuméré des conditions pour une opération de paix de succès:

- Créer des stratégies pour prévenir des conflits;

- Avoir un mandat clair et spécifique;

- Règles d'Engagement adéquates à la situation;

- Les parties au conflit sont d'accord avec l'opération;

- Des ressources humaines adéquates, ainsi que d'équipement et d'appui financier;

- Quand l'ONU a des pouvoirs exécutifs temporaires, un code criminel temporaire;

- Le Maintien de la Paix traditionnel doit être déployé au plus en 30 jours;

- Pour le maintien de la paix complexes, le déploiement doit avoir lieu au plus en 90 jours.

Comme un résultat du Rapport Brahimi, dès 2006 le DPKO a un centre de situation, qui travaille 24 heures par jour, 7 jours par semaine, et une Division Militaire a été créée et bien remplie. En plus, le DPKO a reçu des conseilleurs militaires et policiers, et l'UNHQ à plus personnel pour appuyer les opérations de paix.

Dans un État faible, reconstruire les capacités nationales prend du temps. Cependant, les États-Membres veulent des solutions rapides, et des Pays Contributeurs de Troupes veulent voir ses soldats chez eux le plus tôt possible. Cela est la dichotomie que les Opérations de Paix affrontent aujourd'hui.

Pendant les années 1990, les troupes de l'ONU ont été envoyés majoritairement par les pays développés. Cependant, après l'11 Septembre 2001, plusieurs pays contributeurs de troupes ont changé ses ressources (humaines, équipements et fonds) à la Guerre à la Terreur. Ainsi, les pays industrialisés ont donné lieu aux pays en développement pour partager une contribution augmentée à la paix et la sécurité internationales.

Au contraire d'un problème, cette responsabilité a donné plus combustible à les missions de maintien de paix, concernant la capacité de fonds et la crédibilité de la mission, comme suit:

- Le taux d'échange pour les pays en développement est favorable aux paiements de l'ONU. Comme l'ONU paie en dollars américains, le TCC voit cet argent multiplié quand il est converti à sa monnaie interne. L'ONU paie le même, mais le pays a plus de fonds disponible.

- Des pays développés sont parfois accusés d'impérialisme, et de s'immiscer dans les sujets internes d'autres pays pour son bénéfice. Donc, la population peut voir les troupes de l'ONU comme des intruses. D'autre côté, des pays en développement ont, or eurent dans ses histoires récentes, les mêmes problèmes institutionnels que la population du pays hôte est en souffrance. Ça fait une empathie naturelle entre les troupes de l'ONU et la population concerné, parce que le soldat de l'ONU, dans ce cas, a vu ce scénario fâcheux dans son pays natale, et il sait comment s'occuper avec elle.

En bref, des opérations de paix ont été créées pour mener des tensions entre des États, et ils ont été utilisés avec succès aux conflits internes au-dedans des pays faibles, dans un effort de mener une solution, mettre en œuvre le dialogue entre les parties belligérants et protéger la population civile. Ces expériences de terrain sont intimement liées avec l'effort contreterroriste étudié dans ce travail, et seront reprises à nouveau.

3 - LE DROIT INTERNATIONAL HUMANITAIRE ET LES DROITS DE L'HOMME

Le cadre juridique international dans lequel les Opérations de Paix travaillent, principalement le Droit International Humanitaire, a besoin d'une étude attentive de façon à comprendre les défis modernes que le Terrorisme, et la Guerre à la Terreur, sont à lui imposer.

Chaque civilisation a créé des "îles d'humanité", en faisant un groupe de règles pour limiter l'usage de la violence et aussi d'encourager la solidarité à les victimes d'un conflit. Fréquemment ces règles ont été seulement applicables aux mêmes membres du groupe ou de la civilisation. Par exemple, Platon a écrit que certaines limitations doivent être observées dans les guerres entre les cités grecques, mais ces limites ne sont pas applicables à la lutte contre les perses (VEUTHEY, Michel. *Droit International Humanitaire*).

Ces règles ont été l'intention d'assurer la survie de la population. Les lutteurs ne doivent pas attaquer des femmes et des enfants, détruire des champs de culture ou d'arbres, empoisonner les sources d'eau ou détruire les lieux ou édifices sacrés, parce que ces actes peuvent mettre en danger la survie de la population.

La définition plus simple et plus commun du DIH est la "Règle d'Or", défini comme *Ne pas faites aux autres ce que vous ne voulez que d'autres lui fassent*. Ce désir de réciprocité dans la limitation de l'usage de la force et de solidarité concernant l'action humanitaire est présent dans la majorité des traditions religieuses, comme l'Hindouisme, le Confucianisme, le Shintoïsme, le Bouddhisme, le Taoïsme, le Zoroastrianisme, le Judaïsme, le Christianisme et l'Islamisme.

Dans les pays d'Asie, le Bouddhisme, l'Hindouisme et même le Taoïsme, le Confucianisme et le Shintoïsme, énumèrent des principes d'Humanité pour le traitement de l'ennemi pendant un Conflit Armé. Exemple: le *Bushido* japonais (*Bushi* = Samouraï, et *Do* = chemin).

Le Bouddhisme a deux principes fondamentaux: *maitri* (benévolence) et *karuna* (merci, compassion), très proche du sens d'humanité (MILLET-DEVALLE, Anne-Sophie. *Religions et Droit International Humanitaire*).

L'Hindouisme a des règles sur le traitement humain des ennemis vaincus, ainsi que de loyauté dans le combat, et l'usage d'armes que causent des blessés superflus. Les Lois de Manou (un code de lois avec des normes morales et religieuses) prescrivent que un guerrier ne doit jamais utiliser contre ses ennemis des armes traitres comme des sticks avec lames, des flèches empoisonnées ou de cuir en flammes (MILLET-DEVALLE, Anne-Sophie. *Religions et Droit International Humanitaire*).

Les Lois de Manou interdisent aussi d'attaquer un ennemi: à pied (quand l'attaquant est dans un véhicule), qui se comporte fémininement, qui ajoute ses mains en priant pour merci, scalpé, assis, dormant, ou qui n'a pas de cuirasse, totalement nu, désarmé, observant le combat ou luttant avec d'autre ennemi, ou dont l'arme est cassé, ou mis au sol, gravement blessé, ou un lâche ou quand il quitte le lieu.

Deux livres indiennes sacrés, *Ramayana et Mahabhata*, interdisent l'usage des armes de destruction en masse, qui ne permettent pas de distinguer les combattants des non-combattants. Dans le *Mahabharata*, "Arjuna (personnage religieuse indienne), en respectant les lois de la guerre, s'est abstenu d'utiliser la *pasupathastra*, une arme hyper destructive, parce que le combat demandait des armes classiques ordinaires seulement, alors l'usage des armes extraordinaires ou non classiques serait non seulement contraire à la religion ou à les lois de la guerre, mais aussi immoral." (*Apud* BALMOND, Louis. *Droit du recours à la force*).

Le Juge Weeramantry, de la Cour International de Justice (ICJ) a utilisé ce passage comme un argument dans sa opinion dissidente sur l'Avis Consultative de la ICJ sur la légalité de la Menace ou l'Usage des Armes Nucléaires, argumentant que la Cour doit assurer, dans son ensemble, la représentation des différentes formes de civilisation et les principales systèmes légales du monde.

Le juge a aussi cité la passage de Deutéronome (cinquième livre du Pentateuque, Ancien Testament) que interdit la coupure des arbres fructueux (Deutéronome 20, 19 "Quand tu assiégeras une ville pendant longtemps, en l'attaquant pour la prendre, tu ne détruiras point ses arbres à coups de cognée, car tu pourras en manger le fruit; tu ne les couperas donc point; car l'arbre des champs est-il un homme, pour être assiégé par toi?"), les coutumes tribales africaines, l'interdiction de l'arme appelé arbalète par le Conseil de Latran l'année 1139, ainsi que la doctrine bien détaillée de Saint Thomas d'Aquin, concernant, d'entre autres sujets, la protection de non-combattants.

Le Christianisme Occidental a essayé de créer des limites par moyen des traditions de la Chevalerie et annonçait, les Siècles X et XI, la *Treuga Dei* (Trêve de Dieu) et *Pax Dei* (Paix de Dieu), une initiative de l'Église. Selon ces annonces, sont interdites tous les hostilités dans certaines périodes du calendrier liturgique (du premier dimanche de l'Avent jusqu'à l'Épiphanie, du mercredi des Cendres jusqu'à l'Ascension) et dans certains jours de la semaine (du mercredi après-midi jusqu'au dimanche matin, en souvenir à la Passion et la Résurrection de Jésus Christ).

Les premiers défenseurs du Droit International Humanitaire, pas par coïncidence, ont été des ouvriers religieuses, qui ont reconnu la dignité inhérente de tout être humain, créé à l'image de Dieu, comme Saint Thomas d'Aquin (1225 à 1274), le dominicaine Francisco de Vitoria (1483-1546), Balthazar Ayala (1548-1584), le jésuite Francisco Suarez (1548-1617) et le protestant suisse Emmerich de Vattel (1714-1767).

La codification de la Loi des Conflits Armés (LoAC) a commencé par l'initiative du Tzar Alexander II, de la Russie, quand délégués de 15 pays européennes ont participé d'une réunion à Bruxelles le 27 Juillet 1874, pour étudier le projet d'un accord international sur les lois et pratiques de la guerre. Le texte initial a été adopté avec quelques modifications. Cependant, plusieurs États n'ont pas voulu accepter un accord obligatoire, alors ce texte n'a pas été ratifié. De toute façon, ça a été le premier effort important pour la codification des Lois de la Guerre (VEUTHEY, Michel. *Droit International Humanitaire*).

L'Institut de Droit International, pendant une session à Genève, a nommé un Commission pour examiner la Déclaration de Bruxelles et soumettre à l'Institut ses opinions et propositions complémentaires. Les efforts de l'Institut ont mené à l'adoption, le 1880, du Manuel Oxford sur la Guerre terrestre. La Déclaration de Bruxelles et le Manuel d'Oxford ont été la base des deux Conventions de la Haie, sur la guerre terrestre et dispositions connexes, adopté les années 1899 et 1907.

Durant les siècles, des nations ont commencé à prendre la conviction que la Loi doit s'imposer dans la sphère des conflits, de forme à limiter ses effets les plus désastreuses. Le développement de nouvelles formes de communication, d'armes de destruction en masse et d'armes de plus en plus sophistiqués a mené à une conscience mondiale sur les caractéristiques inhumaines et sanguinolentes des conflits contemporains.

Cette conscience a aperçu une évolution célèbre du XIX Siècle, avec la pratique de coalitions, capitulations et conventions d'armistice. Ces évolutions, visant à humaniser le traitement des victimes des conflits, sont nées des règles coutumières, ce qui montre le développement d'une étique combattante.

Un procès valide de construction des normes juridiques internationales a commencé pendant la seconde moitié du Siècle XIX, avec les efforts d'Henri Dunant en Europe, qui a témoigné la bataille cruelle de Solferino, et après a idéalisé la Première Convention de Genève, l'année 1864, et Francis Lieber, qui a écrit le premier code promulgué sur ce sujet, par le gouvernement des États-Unis pendant la Guerre Civile de Sécession.

Durant le XXème Siècle, cette évolution a été mise en place avec les Conventions de Genève l'année 1906 et les Conventions de la Haie les années 1899 et 1907. Par la codification d'un cadre juridique qui a été à quelle date parcelle du droit coutumier international, ces Conventions montrent le commencement d'une loi humanitaire pour protéger les victimes et une loi concernant la guerre, pour limiter des actes des combattants.

Le Droit International Humanitaire et le Droit de la Guerre ont évolué et ont acquis un peu d'efficacité, mais la Première Guerre Mondiale, a montré, pour la première fois, les caractéristiques incomplètes de ces normes, et les difficultés de sa mise en œuvre par les États. Des nouveaux outils conventionnels ont essayé de remplir la lacune d'un cadre juridique qui ne protège pas de forme satisfaisant. La Seconde Guerre Mondiale, pour sa fois, a mis en évidence le besoin d'un ensemble de règles qui assurent la protection des victimes de guerre plus efficacement. Cela a été la contribution des Quatre Conventions de Genève le 12 Août 1949, qui forment aujourd'hui la fondation du Droit Humanitaire. Ces Conventions ont été soulignées dans les jugements de Nuremberg et Tokyo, quand pour la première fois les accusés de crimes de guerre ont été condamnés.

Durant la seconde moitié du XXème Siècle il y eu une augmentation dans le champ d'applicabilité du LoAC, au-dedans d'une communauté internationale dont le fonctionnement est basé sur la Charte des Nations Unies. Le LoAC contient des aspects de la protection des propriétés culturales, l'environnement naturel, la participation des enfants dans les conflits armés, ou l'interdiction de certaines armes, considérées inhumaines ou qui causent des souffrances excessives.

En parallèle, la physionomie du conflit armé a été grandement modifiée. Des conflits internes ont délivré des nouveaux acteurs non-gouvernementaux (comme les organisations terroristes), ce qui a géré diverses répercussions internationales, et au même temps des opérations de maintien et d'imposition de la paix sont plus communs après la fin de la Guerre Froide.

Le Droit International des Conflits Armés est une branche spécifique du Droit International Public, et se compose de trois domaines.

La Loi de la Guerre, connue aussi comme «La Loi de la Haie», regroupe le cadre normative des Conventions de la Haie, dont les plus connues sont lesquelles promulguées le 18 Octobre 1907; une est sur la loi et les pratiques de la guerre terrestre, et autre sur la guerre navale. Ces textes sont désignés pour protéger le combattant des effets plus horrides de la guerre, et ils définent quelques règles applicables au combat, comme l'interdiction de la perfidie ou de déclarer qu'il n'y aura de prisonniers (refus de donner quartiers). Ces règles qui dérivent d'elle visent à protéger certains droits qui sont aussi menacés, comme la Convention de la Haie de 14 Mai 1954, concernant la protection des propriétés culturales.

Le Droit International Humanitaire englobe le cadre formé par les Conventions de Genève de 12 Août 1949, sur les Blessés et les Malades (Première), les naufrages, (Seconde), les Prisonniers de Guerre (Troisième) et la Population Civile (Quatrième). Ces quatre conventions visent à protéger les victimes de la guerre, c'est-à-dire, les combattants *hors de combat* et la population civile qui souffre des effets horrides des conflits. Dès le commencement du XXème Siècle, la proportion de victimes civiles des guerres est plus grande que les victimes militaires.

Dans la division entre le Loi de la Guerre et le Droit Humanitaire il y a une loi combinée, ce qui inclut des éléments des deux branches. Ils sont les deux Protocoles Additionnels aux Conventions de Genève, adoptés le 8 Juin 1977, à Genève.

La Loi de Contrôle des Armes ramassent les conventions internationales qui interdisent, limitent ou régulent l'usage de certaines armes et munitions. Elle interdit les armes chimiques et biologiques, les mines anti-personnelles, les projectiles à tête creuse (balles "dum dum"), armes avec projectiles pas détectables par rayons X, lasers aveuglants, d'entre autres. L'usage des armes incendiaires, pour sa fois, est régulé et limitée à l'attaque exclusive d'objectifs militaires loin d'une agglomération civile. De la même façon, l'usage des mines anti-personnelles est encore autorisée, à condition que tous les précautions soient prises pour protéger les civiles de ses effets, ce qui inclut après le conflit.

La Loi de Contrôle des Armes complète les instruments internationaux concernant le désarmement, comme le Traité de Non-Prolifération des Armes Nucléaires, le traité FCE (*Forces Conventionnelles en Europe*) ou le START (*Strategic Arms Reduction Treaty*) et le SALT (*Strategic Arms Limitations Talks*). Ces instruments sont parallèles au Contrôle des Armes, car les deux visent à une réduction progressive de certaines armes, jusqu'à sa disparition totale, parce que le sujet Contrôle des Armes est plus que l'interdiction de certaines armes.

C'est pendant un Conflit Armé que la souveraineté d'un État manifeste plus fortement sa force. Dans ce sens, quelques États n'hésitent pas à privilégier l'efficacité militaire au détriment des règles légales. Au contraire, le respect de la Loi des Conflits Armés permet l'exécution des opérations militaires en limitant les effets inhumaines de la guerre. Cela est une condition essentiale pour éviter l'occurrence du cercle vicieuse du barbarisme.

Le cadre de la Loi des Conflits Armés, même imparfait, constitue une protection valable pour les Forces Armées et aussi pour la population civile. Ils permettent la solution, or la tentative de la solution, de situations qui sont difficiles, complexes et ambiguës, qui caractérisent tous les conflits armés. Ils délimitent les actes des Forces Armées, en contribuant pour l'image du pays dans l'occasion d'une intervention externe.

La Loi des Conflits Armés est applicable à tout conflit armé. Il peut être international, quand il devient entre deux souverainetés nationales, ou non-international, dont l'exemple le plus fréquent est la guerre civile.

Des Conflits Armés Non-Internationales doivent être différenciés des situations de Tension Interne, insurrections et autres actes analogues de violence, qui ne sont pas considérés conflits.

Cette distinction est importante parce que d'elle vient le cadre juridique applicable à chaque circonstance. Donc, concernant le Droit International Humanitaire, un Conflit Armé Non-International est régi par le Protocole Additionnel II aux Conventions de Genève. Dans l'autre cas, dans un Conflit Armé International les parties belligérantes doivent respecter les Quatre Conventions de Genève et le Protocole Additionnel I. Les règles applicables aux Conflits Armés Internationaux sont plus larges et plus protectives que les Conflits Armés Non-Internationaux.

Le cœur des droits fondamentaux du être humain est applicable à toute situation, même au-dehors d'un conflit armé, et indépendamment de sa caractéristique, internationale ou pas. C'est l'Article 3 commun à les Conventions de Genève, qui défine les règles essentielles pour la protection du être humain, et aussi le cadre juridique des Droits de l'Homme, qui énumèrent trois principes importants:

- **Inviolabilité**, qui assure à toute personne et tout combattant le droit au respect pour sa vie et son intégrité physique et morale;

- **Non-discrimination**, de façon que tout personne soit traité sans distinction de race, genre, nationalité, opinion politique ou religieuse (ce principe de Droit de l'Homme est différent du Principe de Discrimination, expliqué au-dessous);

- **Certitude**, de façon que l'individu n'est pas considéré responsable pour un acte qu'il n'a pas commis, par moyen des garanties judiciaires nécessaires et l'interdiction de représailles, punitions collectives, prise d'otages et déportations.

Les règles de Droit International Humanitaire visent à protéger les combattants dans un conflit armé, mais aussi les blessés, les malades, les naufrages, le personnel de santé et religieuse, les prisonniers de guerre, les correspondants de guerre, les diplomates, les organisations humanitaires et agents de protection civile, les réfugiés et, dans son ensemble, la population civile affecté par une situation de conflit armé, spécialement les femmes et les enfants.

Les principes plus importants du Droit International Humanitaire sont:

- **Humanité**, qui est lié au désir d'éviter, par moyen de tous mesures disponibles, des dommages et souffrances superflus causés par l'usage de la force. De cette forme, le choix de méthodes et moyens de combat n'est pas illimité, mais il doit respecter les règles de LoAC qui limitent les effets pernicieux de l'usage de la violence. La Clause de Martens (Cette Clause a été créée par le juriste estonien Frédéric de Martens, et il fait partie de nombreuses conventions internationales) affirme que: «La population civile et le combattant restent sous la protection du *Droit des Gens* (*Jus gentium*, ou Droit International), les règles qui résultent de coutumes établies, les principes d'humanité et les exigences de conscience public». Le respect au Droit des Conflits Armés suive une logique d'humanité. Toute bataille gagnée avec le manque de respect à la dignité humaine, est, tôt ou tard, une bataille perdue;

- **Discrimination**, aussi connu comme Principe de Précaution, impose aux combattants l'obligation de distinguer des objectives militaires, qui peuvent être attaqués, de la population et la propriété civile, qui ne peuvent pas être la cible d'aucune attaque volontaire. Une des plus grands difficultés dans la mise en œuvre de ce principe est trouver une forme pratique de distinction entre des objectifs militaires et la propriété civile. L'art. 52 du Protocol Additionnel I à les Conventions de Genève clarifie: «concernant des propriétés, les objectifs militaires sont limités aux que, par sa nature, localisation, destination ou utilisation, montrent une contribution militaire effective à l'action militaire, et sa destruction totale ou partiale, capture ou neutralisation apporte une avantage militaires»;

- **Proportionnalité**, qui demande l'abstention d'un attaque dans lequel on peut prédire qu'il causera secondairement des pertes humaines dans la population civile, blessures dans la population civile, dommages à des propriétés civiles, ou une conjointe de pertes et dommages, considérés excessifs in comparaison à l'avantage militaire concrète qui est directement attendue. La mise en œuvre de ce principe repousse dans l'adéquation entre les moyens employés et le résultat militaire visé. L'exécution du Principe de Proportionnalité n'exclut pas les dommages collatérales qui peuvent affecter la population civile ou les propriétés, sauf s'ils sont exagérés en comparaison avec l'avantage militaire concrète qui est directement attendu. Il n'exclut pas non plus que quelques objectifs, qui bénéficient d'une protection spéciale d'une convention internationale, deviennent des cibles militaires, si cette convention mentionne explicitement la faculté pour l'attaquant d'affirmer l'existence d'une nécessité militaire pour délivrer l'attaque.

Respecter la LoAC est une garantie d'efficacité dans l'accomplissement de la mission. Cela améliore le comportement du combattant, revigore son sentiment de discipline. Cela aide aussi la gérance et conclusion d'une crise, et le retour à la paix, dans un moment quand tous ces questions sont primordiales dans tous les interventions à l'étranger.

Dans l'équilibre entre le Principe d'Humanité et les Nécessités Militaires, la LoAC est dans l'azimut du Principe d'Économie des Forces et des Moyens.

Pour être efficace, la LoAC doit être respectée par la grande majorité des États, quand même par tous. Elle doit trouver l'universalité, donc elle peut être acceptée par tous. Elle doit aussi être revêtue des mesures de confiance, supervision, contrôle et sanction.

De la même façon que les obligations nées de la moralité individuel et collective sont mises en œuvre volontairement, et pas imposés de manière aléatoire, les obligations nées de la Loi ajoutent la population d'un État qui essaie de les respecter, et qui peuvent être sujet, s'il y a de base légale, de sanctions disciplinaires et légales.

Les Combattants doivent respecter, dans toute circonstance, les normes de LoAC. Il n'est pas acceptable, en tout cas, une déviation de conduite loin d'elle, indépendamment du contexte de la mission, même si l'adversaire ne la respecte pas.

Le Commandant prend une responsabilité étendue dans ce sujet, et il doit assurer que les membres des Forces Armées connaissent le sujet et mettent en œuvre les obligations qui d'elle dérivent. Il est le responsable pour l'instruction et la formation de LoAC.

Il est une mésentente du Commandant en croire que la LoAC peut être ignoré dans l'hypothèse qui elle diminue l'efficience militaire. Il n'y a pas tel hypothèse, et la raison est simple: quand ils respectent la LoAC, les troupes deviennent de plus en plus efficientes, car:

- Les tirs qui frappent des cibles non militaires génèrent un gaspillage inutile de moyens et du temps dans le champ de bataille, et la démoralisation des troupes;

- L'appui de la population civile est essentiel pour la solution de tous les conflits asymétriques, en restaurant la paix à long terme (primordial pour les Opérations de Paix);

- Le respect pour l'environnement naturel aide à la reconstruction du pays après-conflit, en aidant la fin du conflit et le désengagement des troupes dans le terrain.

En addition aux mesures disciplinaires qui peuvent être imposées, le non observance des normes de la LoAC peut aussi conduire à la responsabilité criminelle. Les accusés peuvent être poursuivis pour des crimes dans les cours fédérales ou militaires, ou cours criminelles internationales, selon la gravité et l'extension des faits.

En conclusion, le soldat, Casque Bleu ou pas, qui veut comprendre et utiliser la Loi des Conflits Armés durant sa mission doit suivre trois procédures simples:

- Assurance, car les règles de la LoAC appuient l'ensemble de la doctrine militaire et sont considérés dans tous les grads de la hiérarchie. Le développement équilibré de ces règles et sa mise en œuvre constituent des objectifs importants pour des pays qui respectent ses compromis internationaux. En plus, le comportement irréprochable des mainteneurs de la paix peut fonctionner comme exemple aux autres combattants pour apprendre et appliquer les mêmes règles et standards;

- Réalité, parce que le respect de la Loi des Conflits Armés et les Droits de l'Homme sont dans l'intérêt des forces armées disciplinées et organisées. Même quand quelques normes peuvent apparaître complexes ou contradictoires, sa mise en œuvre reste sur le respect de valeurs qui sont importants aux pays démocratiques, et qu'ils essaient protéger. Sa mise en œuvre est fondée sur l'honnêteté et la bonne foi qui motivent les Casques Bleus dans l'accomplissement de sa mission;

- Détermination, car la Loi des Conflits Armés n'est pas seulement une savoir théorique, mais il doit devenir un état d'esprit qui encourage les institutions militaires et chacun de ses membres, dans tous les occasions. Un compromis permanent au niveau stratégique fait que, dans tous les niveaux subordonnés, le soldat s'aperçoit que, par connaissant et respectant les normes des Conflits Armés, il remplira sa mission.

4 - LE TERRORISME, FORMES ANCIENNES ET NOUVELLES

Le mot terreur vient du latin *terrere*, qui signifie effrayer. Le mot et ses termes connexes ont été utilisés dans contextes très différents – dans le nom d'un tyran (par exemple, Ivan le Terrible, le premier Tzar russe), or des périodes caractérisés par l'instabilité politique violente (par exemple, le Règne de la Terreur pendant la Révolution Française), et dans les actes sporadiques de violence connues mondialement comme le terrorisme. La violence n'est pas l'aspect principal, parce que la violence a été commise pendant la Première et Seconde Guerre Mondiale, et il n'a pas été considéré comme terrorisme. La violence n'est pas l'objectif principal, mais l'outil par lequel on peut disséminer la peur (terroriser) dans la population d'un pays.

La dissémination de la peur peut être motivée par un propos criminel ou politique. D'une forme ou d'autre, toute la population civile peut être effrayée sans l'usage du terrorisme. Par exemple, quand la cause est une maladie, comme la Grippe Aviaire de la Chine, qui a menacé tout le monde, or la Maladie de la Vache Folle de la France, qui a effrayé même les végétariens, et aussi le mortel virus Ebola, qui a causé une épidémie dans l'Afrique Centrale pendant les années 90 et commencement du XXème Siècle. Quelques personnes créent que ces maladies ne sont pas complétement naturelles, mais elles ont été disséminées, caractérisant un cas de bioterrorisme.

Si on assume que l'intention de tout terroriste est de disséminer largement la peur dans la population, il y a une motivation commune dans les offenses criminelles commises par eux. Dès qu'il y a un élément commun au terrorisme, son affrontement peut être fait en utilisant des stratégies et tactiques défensives communes. Toute action qui peut être prise pour réduire la peur et l'anxiété dans la population est un outil contreterroriste efficient.

4.1. DES DÉFINITIONS DU TERRORISME

Mr. Brian Jenkins défine le terrorisme comme l'usage ou la menace de l'usage de la force avec l'objectif de changement politique. Similairement, le FBI défine le terrorisme comme l'usage illégale de la force ou de la violence contre les personnes ou propriétés pour intimider ou contraindre un gouvernement, la population civile, ou une partie d'elle, avec objectifs sociaux ou politiques (COUNTERTERRORISM, 2002, p. 16).

La Convention Internationale pour la Répression du Financement du Terrorisme (Adopté par la Resolution 54/109 de l'Assemblée Générale de l'ONU, le 9 Décembre 1999), défine terrorisme comme "des actes criminels, ce qui inclut contre les civils, destinés à tuer ou blesser grièvement, or la prise d'otages, avec l'intention de provoquer un état de terreur dans le public en général ou des certaines personnes, intimider une population ou contraindre un gouvernement ou une organisation internationale à accomplir ou à s'abstenir d'accomplir un acte quelconque" Nous trouvons une définition similaire dans la Résolution 1566 (2004) du Conseil de Sécurité, adopté le 8 Octobre 2004.

Dans le combat conventionnel, ou combat de guérilla/asymétrique, il est possible de distinguer les combattants des non-combattants. On peut argumenter que personnes qui ne sont pas liés au combat sont aussi tués. Dans ce cas ils ne sont pas le cible principale de l'action militaire, mais un effet parallèle de l'action militaire, appelé dommage collatéral. Dans le combat conventionnel ou guérilla, l'objectif est détruire les forces ennemies. Des conflits armés peuvent être de haute ou basse intensité (ça veut dire, occuper ou non de territoire étranger), comme plusieurs conflits dans le globe, sur l'indépendance (des républiques de l'ancienne Union Soviétique et des colonies européennes), sur des minorités ethniques (dans l'Afrique et l'Océanie) et sur le trafic de stupéfiants (l'Amérique Latine). Les Conflits Armés peuvent être symétriques (entre les États) et asymétriques (entre un État et un groupe ou faction rebelle).

Néanmoins, cibler non-combattants (par moyen de la souffrance et de la mort) est le cœur du terrorisme international. Dû au secret dans lequel cette activité est mise en place, l'acte terroriste est faite par un petit groupe d'agents, qui reçoivent le support logistique et financier d'organisations fondamentalistes et de gouvernements sympathisés. Certains groupes peuvent être suspects d'appuyer des objectifs terroristes, quand ils ne sont pas à faire la terreur eux-mêmes. La distinction doit être faite entre groupes qui sont vraiment la menace, d'autres qui sont exploités ou utilisés comme leurre par d'autres groupes.

Le Département d'État Américain définé le terrorisme comme un phénomène en changement constant, et la nature de la menace terroriste a changé dramatiquement. Il a attribué ces changements à cinq facteurs (COUNTERTERRORISM, 2002, p. 26):

1. L'effondrement de l'Union Soviétique (et le fin du Pacte de Varsovie);

2. Le changement dans la motivation du terroriste;

3. La prolifération des technologies de destruction en masse;

4. L'augmentation de l'accès à l'information et à la technologie de l'information;

5. La centralisation accélérée des composants essentiels de l'infrastructure nationale, ce qui a augmenté la vulnérabilité d'une attaque terroriste.

4.2. L'INTENTION DU TERRORISME

Le terrorisme est commument une dramatisation pour des raisons politiques (l'intention spécifique du attaque terroriste, ou *dolus specialis*, est expliquée dans le prochaine chapitre) et il y a quelques éléments universels dans les activités terroristes modernes (COUNTERTERRORISM, 2002, p. 31 et suivants):

1. L'USAGE DE LA VIOLENCE POUR PERSUADER, dans lequel des explosives et autres attaques sont utilisés pour gagner des positions avec les victimes-cibles. L'expression Victimes-cibles est

utilisée car l'objectif n'est pas les personnes qui sont blessés ou tués. Au contraire, l'attaque peut être exécuté pour influencer un gouvernement, une coalition ou groupe de gouvernements, de forme à prendre une décision ou une certaine action, ou aussi pour prévenir ou réprimer une décision ou action;

2. LES CIBLES ET LES VICTIMES SONT CHOISIS POUR LE MAXIMUM DE PROPAGANDE RÉALISABLE, donc ils choisissent des cibles qui vont proportionner la plus grande attention du média. Ce fait est particulièrement exceptionnel par des attaques terroristes comme les explosions au World Trade Center à New York les années 1993 et 2001 et la prise d'otages avec des athlètes israéliennes durant les Jeux Olympiques à Munique l'année 1972. Autres exemples sont les attaques terroristes en Madri (11 Mars, 2004) et en Londres (7 Juillet 2005);

3. LES ATTAQUES NE SONT PAS PROVOQUÉS, c.-à-d., les victimes ou les cibles n'ont fait rien contre les terroristes, ce qui est vrai pour tous les attaques terroristes, puisque ses raisons alléguées sont fréquemment une histoire complexe que les terroristes donnent à eux-mêmes pour trouver de support pour ses actes au-dedans de leur groupe;

4. PUBLICITÉ MAXIMALE AVEC RISQUE MINIMAL est le principe directeur de plusieurs actions terroristes, particulièrement lesquelles avec des explosives. Des attaques avec explosives commument créent une bonne quantité de publicité, selon le lieu et l'époque, donc les cibles sont sélectionnés pour ce qu'elles représentent, comme des ambassades, attractions touristiques connues mondialement, et des installations similaires. Temporisateurs de haut-technologie permettent que la détonation soit planifié par un retard long, réduisant le risque par le ou les terroristes, qui peuvent être très loin quand les dispositifs explosent ou sont trouvés. Autres activités terroristes favorites sont la prise d'otages, le vol et les assassinats, qui peuvent générer de la publicité grande et prolongée, mais aussi un risque plus

grand pour l'agent. Il y a une tendance d'un changement cyclique aux attaques terroristes. Après plusieurs prises d'otage, la population peut devenir insensible aux actes, et des prises d'otage postérieures peuvent n'avoir pas la même attention du média, dès nouvelles de la télévision à l'Internet. Des attaques avec explosives, moins fréquentes dans le même période, peuvent aussi gagner plus de publicité du média qu'un autre prise d'otage. Ainsi, un changement de tactiques peut réussir plus de propagande que d'autres formes d'attaques. Les terroristes veulent toujours la couverture du média, donc ils vont changer les tactiques de forme à avoir le plus de publicité possible.

5. L'USAGE DE LA SURPRISE POUR ÉVITER DES MESURES CONTRETERRORISTES de forme à attaquer des cibles hautement protégées. Même quand il y a des gardes, dispositifs de détection, et une haute sécurité aux environs, le facteur surprise peut être utilisé pour détourner l'équipement et l'élément humain dans le système de sécurité. Le temps est le meilleur ami du terroriste. Après un long temps sans aucun événement terroriste, des cibles bien protégées peuvent avoir une diminution dans les mesures de sécurité. Quand il n'y a pas de préparation pour une attaque suicide, le terroriste restera silencieux jusqu'à la sécurité de la cible soit plus favorable.

6. MENACES, CONTRAINTS ET VIOLENCE sont outils utilisés par les terroristes pour maintenir un environnement de peur. Les terroristes peuvent planter des explosives petits ou dispositifs incendiaires dans des lieux publics, comme magasins et cinémas. Récemment, des terroristes qui luttent contre le gouvernement égyptien ont attaqué des touristes dans les Pyramides et autres lieux touristiques. Pour la population, il n'y a pas de lien ou connexion raisonnable entre la motivation et le lieu des attaques, ainsi que toute menace de telles activités peut créer la peur au-dedans de la population.

7. L'INDIFFERENCE POUR LES FEMMES ET LES ENFANTS COMME VICTIMES, parce que parfois certains lieux sont spéciamment choisis pour faire des victimes innocents, de forme

à augmenter l'outrage et la peur sur l'agressivité du acte terroriste. Cela est aussi une autre forme de recevoir plus de publicité et de couverture du média dû à la souffrance et mort des non-combattants. Cette particularité diversifie le terroriste du soldat ou guérillero. Le soldat lutte soutenu par l'autorité de son gouvernement. Le guérillero lutte le même combat en tactiques et code de conduite, donc des femmes et des enfants ne sont pas des cibles désirées. Un terroriste peut possiblement se concentrer en des femmes et des enfants comme cibles, pour instiller un sentiment plus grand de peur. Ainsi, le nettoyage ethnique montré à Bosnie et au Kosovo dans plusieurs classes de la population de l'ancienne Yougoslavie n'est pas seulement une opération militaire, mais le terrorisme pratiqué par la milice (la nature légale de l'acte terroriste est expliquée en détails dans le prochaine Chapitre).

8. LA PROPAGANDE EST UTILISÉ POUR MAXIMISER L'EFFET DE LA VIOLENCE, principalement pour des raisons économiques et politiques. Ce serait inutile pour la cause terroriste si l'opération terroriste n'ait pas de publication. Dans ce sens, le Septembre Noir, durant les Jeux Olympiques à Munique le 1972, et tous les groupes qui ont imité cette prise d'otages, affirmant la responsabilité pour attaques dans circonstances similaires, ont voulu de publicité mondiale pour des propos économiques et politiques. Du point de vue politique, le groupe terroriste veut montrer qu'il est une organisation durable, un pouvoir pour être respecté, et une force pour être effrayé. Dans le fondement économique, le groupe montre aux gouvernements qui sont amicales à sa cause et les gouvernements qui supportent les groupes terroristes qu'il est suffisamment bon pour recevoir d'appui logistique. Même quand les terroristes ne prennent pas la responsabilité publiquement pour les actions, plusieurs actes ont un mode ou format particulier qui les caractérisent, ou ils laissent des détails qui peuvent guider à eux.

9. LOYAUTÉ À EUX-MÊMES ET AUX SYMPATHISEURS est une caractéristique commune des groupes terroristes qui peut être

trouvé entre les Arméniennes, les Croates, les Kurdes et les Basques, et plusieurs autres. D'entre eux, la loyauté est si intense qu'ils commissent des actes criminels impensables pour cette loyauté, une chose que des éléments radicaux d'un mouvement pacifique ne le feraient jamais. Pour la majorité, cependant, les nouvelles générations de terroristes n'ont plus une haute loyauté à la cause originale, l'orgueil de la défendre, et une vision diminuée du objectif principal. Plusieurs engagent dans le terrorisme pour réussir des bénéfices et la perpétuation de l'activité criminelle comme le but principal. En conclusion, ils deviennent des nihilistes et sont intéressés principalement au retour financier de l'activité.

Le terrorisme pendant les décennies de 1960 et 1970 a été mené, majoritairement, par des individus en âge universitaire et des activistes politiques avec plusieurs années à l'école. Aujourd'hui plusieurs conflits de basse intensité sont menés par les enfants-soldats, beaucoup d'entre eux qui ne sont encore à la puberté, et ils ont devenu insensibles à la violence et les émotions humaines.

4.3. LE MAINTIEN DE LA PAIX ET LE TERRORISME

Le maintien de la paix récent a apporté un développement intéressant, apportant une nouvelle mission aux Casques Bleus: des opérations de paix ont graduellement incorporé des objectifs contreterroristes dans leurs mandats de mission, et dans leurs opérations.

Le terrorisme n'est pas nouveau, et il a existé pendant une mission de paix dès son commencement. Un exemple est l'assassinat du Comte Folke Bernardotte, officiel de l'ONU pour le conflit arabo-israélienne (UNTSO), par le groupe terroriste juif Stern Gang, ou Irgun, ou Lehi, le 17 Septembre 1948. Autre exemple est passé dans question Inde-Pakistan, quand des groupes considérés comme terroristes par une des parties a croisé plusieurs fois les frontières pour attaquer la population civile, et les Observateurs Militaires de l'UNIPOM n'avaient pas l'autorité ou le pouvoir pour prendre des mesures coercitives (RAM, Sunil. *The History of United Nations Peacekeeping Operations During the Cold War,* pg. 100).

Des séparatistes au Congo (Des Forces Katangan, qui ont aussi lutté contre les *peacekeepers* de l'ONUC et le Gouvernement Central Congolais l'année 1961, même après le cessez-le-feu. Leurs attaques terroristes ont été clairement désignés pour déstabiliser le gouvernement), selon la définition moderne de terrorisme, ont engagés en attaques terroristes, délibérément attaquant la population civile avec un propos politique. La présence de la mission de l'ONU dans la région avait l'autorité pour faire face à cette menace, même s'il n'est pas écrit dans le mandat, parce que un *peacekeeper* au terrain a la mission implicite de protéger la population civile, selon ses ressources.

Cependant, il y a un débat sur la définition de terrorisme aujourd'hui, malgré la similarité de méthodes, de propos et de victimes. Le *Hezbollah* (Le Partie de Dieu) est considéré une organisation terroriste par plusieurs agences fédérales, comme la NSA, dû à ses objectifs politiques et ses attaques armés contre la population civile israélienne, mais les *Janjaweed* au Soudan menacent de plusieurs formes la population civile de Darfur (ils sont considérés un des responsables du génocide dans le période 2005-2007), mais ils ne sont pas considérés un groupe terroriste, malgré le fait qu'ils ont la même motivation du *Hezbollah*, la nettoyage ethnique d'une population d'une région (le peuple juif au Liban et un groupe ethnique au Soudan) (JONES, Bruce. *Looking to the Future: Peace Operations in 2015,* gp. 14).

Le contreterrorisme est déjà présent dans une opération de paix en diverses opportunités. À l'Afghanistan, l'ISAF a engagé en opérations offensives contre le Taliban, un groupe considéré par la communauté internationale comme un supporteur du terrorisme. Aux Philippines, il a été conduit une campagne contreterroriste pour stabiliser l'environnement, menacé par le Moro Liberation Front. Au Liban, le mandat de l'UNIFIL et sa capacité militaire ont été conçues pour engager en des opérations contreterroristes contre le *Hezbollah* (Res

SC 1701 (2006), émis après la Guerre Israélien-Hezbollah, Article 1. appele «pour une cessation complet des hostilités <u>basé sur, en particulier, la cessation immédiate par le Hezbollah de tout attaque</u>». <www.un.org>).

Une mission de maintien de la paix, suffisamment robuste pour la mission, peut être nécessaire pour prévenir des ruineurs du procès de paix, et protéger la population civile contre les menaces terroristes. Cela n'est pas une imposition de la paix, autre forme d'opération qui est mise en place quand il n'y a pas d'accord politique, et les parties au conflit sont menés militairement (pas de consentement au niveau stratégique). Par exemple, les opérations au Afghanistan, aux Philippines et au Liban sont maintien de la paix, suffisamment robustes pour réussir son mandat, parce que l'objectif de l'opération est le support d'un agrément politique (JONES, Bruce. *Looking to the Future: Peace Operations in 2015*, gp. 15).

En addition à la menace que le terrorisme pose contre la population civile, il y a une autre raison pourquoi une opération de paix ne peut pas manquer la capacité d'affronter le terrorisme. Les Nations Unies et ses membres sont une cible privilégiée pour une attaque terroriste. La prise d'otage ou le meurtre d'un Casque Bleu peut causer une absence de support politique au Pays Contributeur de Troupes, et apporter (ou augmenter) la propagande inamicale contre la mission dans le média locale et internationale.

Les Nations Unies eurent un revers impressionnant au Iraq après l'attaque du Quartier Général à Baghdâd, le 19 Août 2003, quand le Représentant Spécial du Secrétaire Général, le brésilien Sergio Vieira de Mello, a été tué par un véhicule avec des explosives. L'impartialité et la crédibilité de l'ONU ne peuvent pas protéger les Casques Bleus quand les terroristes utilisent des cibles impartiales et fiables pour gagner le plus possible d'attention du média et d'aversion publique.

En conclusion, une capacité contreterrorisme adéquate est essentielle dans une mission de paix pour deux raisons: les Casques

Bleus peuvent être cibles ou victimes du terrorisme, et aussi parce que la terreur peut être utilisé par tous les parties intéressés en ruiner le procès de paix.

Afin d'avoir le CT inclus, une PKO avec capacité contreterrorisme doit avoir (Les positions de l'ONU, du SC et SG sur le Contreterrorisme et les Opérations de Paix sont exposées au Chapitre 8):

- Des officiers spécialisés en négociation d'otages, détection et désarmement de bombes, sécurité des installations et infrastructures, un groupe d'assault et des mesures de contre intelligence;

- D'équipements adéquats pour la surveillance et la collecte d'intelligence de terroristes potentiels dans la Zone de Responsabilité de la Mission, et du personnel spécialisé;

- Prévision dans leurs mandats de la possibilité de déployer ces officiers et équipement spécialisés, pour travailler en coordination avec le gouvernement local;

- Prévision dans leurs mandats l'usage de cette intelligence collectée pour une procédure criminelle contre les personnes accusées de terrorisme.

5 - QUE FORME DE CRIME EST-IL LE TERRORISME?

À partir de la brève exposition sur le concept de terrorisme aux chapitres antérieures, on peut définir en termes légales que forme de crime est cette conduite illégale, et les cours compétentes pour la poursuite judiciaire des terroristes. Un mécanisme clair et certain pour la répression des crimes est essentiel pour prévenir cet acte illégal, et de ce point de vue la terreur n'est pas différent des autres crimes.

En bref, le terrorisme est l'usage illégale, ou la menace illégale d'utiliser, la force ou la violence contre des personnes ou des biens, avec l'intention de contraindre ou d'intimider des gouvernements ou des sociétés pour accomplir des objectifs politiques, religieuses ou idéologiques.

Le terrorisme est interdit par le Droit International Humanitaire, et il ne peut jamais être utilisé comme une méthode de guerre. L'Article 51, § 2, du Protocol Additionnel I à les Conventions de Genève affirme que, dans tous les circonstances, il est interdit de commettre ou menacer de commettre la violence dont l'objectif principal est de disséminer la terreur parmi la population civile.

Bien que la Loi des Conflits Armés n'spécifie pas sa définition, un acte terroriste, qui est strictement interdit, est différent des actions mises en œuvre par des Forces Armées régulières ou des groupes de guérilla qui travaillent fondés sur, et au nom de, une organisation hiérarchisée, portent des armes ouvertement pendant l'engagement et se distinguent de la population civile.

Au Brésil, comme à plusieurs pays dans le monde, la terreur est prévue dans la Constitution Fédérale de 1988, sa mise en œuvre est répudié (Article 4, VIII), et il est considéré non libérable par caution, et l'amnistie ou la grâce ne sont pas permis (Article 5, XLIII). Cependant, dans plusieurs pays il n'y a pas une définition légale de terrorisme comme un crime, ni la description de la conduite criminel et la peine pour le crime entendu comme Terrorisme. Cette absence est expliquée par deux raisons.

La première raison est que un acte de terrorisme est aussi prévu en autres définitions criminelles, comme l'assassinat, la prise d'otages et l'explosion. Mais le *animus* (*dolus*, ou l'intention criminelle) du agent terroriste est très diverse du criminel commun, quand il offend l'intégrité physique, la liberté et la sécurité de l'individu. Le but du terroriste est autre, ce qui mène à la deuxième raison.

L'intention du terroriste est d'offenser la Nation ou l'État, son intégrité territoriale ou politique comme une Nation Souveraine. Ainsi, le terrorisme est commis contre une entité juridique de droit international public, et la conduite doit être considérée un crime en Droit International, parce qu'il frappe les droits légaux protégés par cette branche de la loi.

Le grand problème du Contrat Social de Rousseau a été fait pour résoudre est de «Trouver une forme d'association qui défende et protège de toute la force commune la personne et les biens de chaque associé, et par laquelle chacun, s'unissant à tous, n'obéisse pourtant qu'à lui-même, et reste aussi libre qu'auparavant" (ROUSSEAU, Jean Jacques. *Du Contrat Social*. Université de Nice, 2010).

La terreur confisque du citoyen la défense et la protection assurée par le Contrat Social. Ainsi, de la même façon que les crimes contre l'humanité, les crimes de guerre, le génocide, l'agression, la piraterie et l'esclavage, le terrorisme doit être puni par un juge ou une cour utilisant la Compétence Universelle, au lieu du critère territorial, matériel, ou des autres critères de compétence juridictionnelle, parce qu'il est un crime contre la Souveraineté d'une Nation, et doit être puni partout le monde, même s'il est commis dans des pays qui n'ont pas des lois spécifiques contre lui, ou à lieux où il n'y a pas d'État Souverain pour créer des lois nationales, comme le haute mer et le espace aérien international (plus d'explications sur la compétence juridictionnelle sont fournies au Chapitre 6).

Les exemples ci-dessous corroborent que le terrorisme est un crime de droit international.

Un Conflit Intra-État dans lequel une guérilla, une faction rebelle ou quelque forme de groupe organisé, déguise au-dedans de la population et ne prend pas le territoire ou partie du territoire de la Nation, est un Conflit Armé Non-International, Asymétrique et de Basse Intensité, quand il porte un niveau d'opérabilité plus haut que la simple insurgence. Cette explication corresponde à la brève définition de terrorisme montrée ci-dessus.

Une « guerre à la terreur » est plus rhétorique que pratique, comme la « guerre contre la faim », « la guerre contre les drogues » ou la « guerre contre le crime », car, pour être une guerre, il doit avoir au moins deux parties belligérantes ou conflitueuses. En addition, déclarer la guerre n'est plus un instrument licite des relations internationales (Article 2, § 4, of the UN Charter).

Néanmoins, un Gouvernement peut utiliser le droit de défense propre, préemptive ou réel, énuméré dans l'Article 51 de la Charte de l'ONU, contre des menaces à sa intégrité territorial ou Souveraineté, quand ils sont commises par factions rebelles (*Hezbollah* au Liban, *Hamas* contre Israël), guérillas (*Sendero Luminoso* au Peru), et des organisations ou groupes criminelles (*Fuerzas Armadas Revolucionarias de Colombia* et *al Qa'ida*).

Ces entités ont commis des crimes contre l'intégrité d'entités de droit international public (des États) ou sa population (un élément essentiel d'une Nation), donc ils peuvent être poursuivis en justice par des cours criminelles internationales. En conclusion, leurs actes terroristes contre des États ou Nations sont considérés crimes en droit international.

Le Statut de Rome (qui a créé la Cour Pénal International, signé le 17 Juillet 1998), défine les Crimes contre l'Humanité (Article 7 du Statut de Rome) l'un quelconque des actes ci-dessous, quand commises dans le cadre d'une attaque, généralisée ou systématique, contre toute population civile, avec l'intention spécifique (*dolus specialis*) de les commettre (quelques définitions ne sont pas liées au terrorisme, et ont été omises):

(a) Meurtre;

(b) Extermination;

(d) Déportation ou transfert forcé de la population;

(h) Persécution de toute groupe ou de toute collectivité identifiable;

(i) Disparitions forcées de personnes;

(k) Autres actes inhumains de caractère analogue causant intentionnellement de grandes souffrances ou des atteintes graves à l'intégrité physique ou à la santé physique ou mentale.

Des Crimes contre l'humanité, comme définis dans le Statut de Rome, sont une définition légale ample qui englobe plusieurs crimes en droit international, sauf lesquels qui ne sont pas énumérés ou mentionnés spécifiquement. Le Génocide, par exemple, serait considéré un crime contre l'humanité, mais il a une définition criminelle spécifique, afin de le différencier de la définition ample des « Crimes contre l'humanité ».

De la même façon, des actes généralisés ou systématiques de terrorisme sont crimes inclus dans la définition ample de « Crimes contre l'humanité », selon la définition fournie ci-dessus. Nonobstant, le Terrorisme pouvait être prévenu et réprimé plus fortement si l'acte criminel de « terrorisme » ait été défini comme un crime en droit international.

Des définitions de terrorisme sont trouvées dans les lois locales et internationales (voir Chapitre 4), mais tous les États-Membres doivent définir le terrorisme comme un crime dans leurs lois nationales pour accomplir ses termes. Cependant, si on considère le terrorisme comme un crime en droit international, seulement une définition est requise, fondée sur le cadre international, et il serait applicable à la communauté internationale dans son ensemble.

Même sans définition spécifique dans le Statut de Rome, quelque des actes décrits dans l'Article 7 du Statut de Rome peuvent être considérés comme terrorisme (Le Projet de Code de Crimes Contre la Paix e la Sécurité de l'Humanité, Art. 20, *f,* (iv), mentionne des actes de terrorisme commis en violation du DIH dans les NIAC comme des crimes internationaux. Selon Brownlie, les articles du projet sont devenus redondants après le Statut de la Cour Pénal International. BROWNLIE, Ian. *Principles*, pg. 561), spécialement les grandes souffrances ou les atteintes graves à l'intégrité physique ou à la santé physique énumérées au item (k), quand commises par un groupe organisé, une guérilla ou une faction rebelle.

Des Guérillas ne sont pas d'organisations terroristes, mais quand ils utilisent la terreur comme un moyen de guerre contre un État ou une Nation, ils aussi commettent un crime en droit international.

Des Guérillas sont des opérations de combat mises en œuvre dans le territoire occupé par l'ennemi, principalement par des forces militaires ou paramilitaires du territoire occupé.

Les Guérilleros sont permis de combattre (ils sont des combattants légaux), et ils reçoivent le statut de Prisonnier de Guerre quand capturés. Ils sont des lutteurs de résistance, militias et corps de volontaires qui ne sont pas parties des Forces Armées régulières d'un pays, ils opèrent au-dedans ou au-dehors de son propre territoire, même si ce territoire est occupé, mais ils doivent accomplir quatre conditions:

- Avoir un commandant responsable pour leur subordonnés (chaîne de command);

- Avoir un signe distinctif reconnaissable à distance (des uniformes ou des treillis de combat);

- Prendre des armes ostensiblement;

- Respecter, dans leurs opérations, les lois et les coutumes de la guerre.

(Article 4 de la Troisième Convention de Genève sur le traitement des Prisonniers de Guerre).

Quand le guérillero utilises des méthodes ou moyens illégales de combat, le terrorisme inclus, il devient un criminel de guerre, perd la protection légale du Combattant et, quand capturé, il n'est pas considéré un Prisonnier de Guerre, et doit être poursuivi en justice par une cour internationale, ou une cour nationale utilisant la Compétence Universelle.

D'un autre côté, le terroriste n'accomplit pas tous les conditions ci-dessus. Il ne peut être considéré un Prisonnier de Guerre, mais ça ne veut pas dire qu'il n'est pas un Combattant, utilisant des méthodes et moyens illicites de combat.

Tout Combattant, reconnu comme tel par le Droit International Humanitaire, peut être considéré un Prisonnier de Guerre ou pas, selon sa conduite sur le terrain quand il prend des armes contre un Gouvernement, un État ou une Nation. Le terroriste n'est pas différent que aucun autre combattant au début du combat, mais à partir du moment que l'agent attaque des civiles avec le propos de gagner le combat par moyen de la peur au milieu de la population, il n'est plus combattant légalement, et il perd la protection du Droit International Humanitaire.

En conclusion, le terroriste est un criminel de guerre, et il doit être poursuivi en justice comme tel (Quand on considère que le terrorisme est un crime en Droit International il est créé une obligation *erga omnes* à tous les États pour prévenir et réprimer des activités terroristes, et poursuivre ses acteurs. Un État ne peut pas alléguer que le terrorisme n'est pas un crime dans ses lois nationaux ou octroyer d'asile ou d'immunité aux terroristes).

Autre exemple est le terroriste qui utilise un civil comme otage avec le *dolus specialis* pour marchander avec le Gouvernement, et aussi comme un bouclier humain pendant une situation; il utilise une méthode de combat illégale contre le Gouvernement pour des motifs politiques. Cela est terrorisme quand il arrive une grande extension e gravitée, c.-à-d., une menace à l'existence d'un État.

Dans tous ces cas, est-ce qu'il peut être jugé par une cour nationale? Cette question peut être faite d'une autre manière: Est-ce que le juge national est suffisamment capable et impartial pour mener tel crime, quand sa patrie, la population qu'inclut lui-même, sa famille et ses amis, l'État par lequel il travaille, a été harcelée?

Une Nation économiquement et démocratiquement forte peut ne sentir pas une menace à son existence par l'explosion d'un bâtiment, ou la prise d'otages d'un haut officier du Gouvernement. Mais des États faibles, comme lesquels qui demandent le support d'une Opération de Paix, sont beaucoup plus faciles d'être démolies, et leur population est plus vulnérable au terrorisme.

Les rôles des cours nationales qui peuvent analyser, poursuivre l'acte terroriste, et punir ses auteurs, et des cours internationales qui peuvent performer ces mêmes tâches, sont exposées dans le prochaine chapitre.

6 - LE RÔLE DES COURS DE JUSTICE LOCALES ET INTERNATIONALES

Une fois définie que le terrorisme peut être considéré un crime en droit international pour la répression judiciaire adéquate, cinq différentes options sont disponibles dans le système juridictionnel pour la poursuite en justice:

- commencer la poursuite en justice dans une cour locale, composé de juges nationaux seulement;

- installer une cour criminelle spéciale pour analyser ce crime spécifique;

- instituer une cour criminelle internationale, avec le même propos;

- envoyer le cas à la Cour Pénale Internationale, à la Haie;

- créer une cour hybride, avec des juges nationaux et internationaux, pour le cas.

À partir de tout qui a été exposé aux chapitres antérieurs, nous concluons que la cour nationale (une cour criminelle du Pays ou Nation affectée) ne peut pas poursuivre et juger le terroriste proprement, par plusieurs raisons: la clameur publique pour donner au terroriste une punition sévère peut troubler l'impartialité du juge national (son impartialité serait assurée si l'acte n'affecte pas à lui ou sa famille ou ses amis proches, par exemple. Mais cela est très improbable, parce que le terroriste vise la population civile dans son ensemble). Le juge lui-même peut perdre sa impartialité dû à la haine que l'acte terroriste peut lui causer, puisque il a attaqué ou a essayé de gâcher les institutions politiques de son pays natal.

De la même façon, des cours criminelles spéciales (ou des cours militaires spéciales) fréquemment n'ont pas d'indépendance ou d'impartialité suffisantes, ce qui peut mener à des violations au droit à un procès juste, et/ou accès aux avocats, à les témoins et aux autres moyens de prouver son innocence.

Exemple: La Cour Spécial pour Sierra Lione, créée l'année 2006 pour poursuivre en justice Mr. Charles Taylor, sur 11 chefs d'accusation de crimes de guerre et de crimes contre l'humanité. Sa présence en Libéria a menacé le fragile procès de paix, et il a été transfert à la Haie pour la poursuite (RAM, Sunil. *The History of UN Peacekeeping Operations From Retrenchment to Resurgence*, pg. 168).

Faire la justice au-dehors de l'état de droit est simple vengeance, et il ne prévient pas le terrorisme. Au contraire, il insuffle la haine par d'autres personnes contre le gouvernement vengeur, en créant une circule vicieuse de violence entre le gouvernement et l'opposition armée, dans lequel la population souffre la force centrifugeuse dans son centre.

Un crime en droit international requiert une poursuite en justice par une cour utilisant la Compétence Universelle, qui est assuré à toute cour fédérale (la compétence juridictionnelle pour analyser des violations graves de Droit de l'Homme est fréquemment octroyée à les Cours Fédérales parce que, dans ces cas, l'État peut-être a dis respecté une obligation en droit international (par exemple, de la ICCPR, GA Res. 16 Déc. 1996). Ex: Art. 109, §5º, de la Constitution Brésilienne. Ex: le Bill of Rights des É.U.)). Cependant, pour assurer le dû procès légal à la poursuite en justice des crimes qui ont causé un sentiment commun et étendu de répulse et d'indignation, nous doivons apprendre des expériences antérieures et des leçons du passé.

6.1. DES COURS CRIMINELLES INTERNATIONALES

Le Tribunal Pénal International pour l'ex-Yougoslavie (ICTY) a été créé par la Résolution 827 du Conseil de Sécurité, de 25 Mai 1993, fondée sur le Chapitre VII de la Charte de l'ONU. Il eût compétence pour poursuivre des individus responsables pour des ruptures graves du Droit International Humanitaire commises dans le territoire de ex-Yougoslavie dès 1991, selon les dispositions de son Statut (Article 1 du Statut de la Cour Pénale Internationale pour l'ex-Yougoslavie).

La juridiction de l'ICTY a été limitée aux violations graves des Conventions de Genève, en autres mots, des violations aux lois et aux coutumes de la guerre, des crimes de génocide et des crimes contre l'humanité commises dans le territoire de l'ex-Yougoslavie dès 1er Janvier 1991.

Malgré sa juridiction parallèle avec le tribunal national de chaque État partie, le ICTY eût juridiction primaire et pouvait demander que les tribunaux nationaux renonçaient leur compétence. Selon le principe du *non bis in idem* (la personne ne peut pas être condamnée plus qu'une fois pour le même crime), des cas déjà poursuivis en justice par un tribunal national ne pouvaient pas être reanalysés par l'ICTY. Néanmoins, par dérogation, de forme que personne ne s'échappe de sa responsabilité criminelle, l'auteur peut être soumis de nouveau au ICTY si le *factum delicti* a été décrit comme un crime en droit national, si la décision n'a pas été impartiale ni indépendante, ou si le procès contre lui n'a pas été mené proprement.

L'ICTY a été capable de condamner à prison, de la même manière que d'autres cours nationales dans l'ex-Yougoslavie, mais il ne pouvait pas condamner à la peine de mort. Il a été aussi capable de déterminer la restitution de propriétés réussis par des méthodes illégales à ses propriétaires légaux. Les juges ont été élus par l'Assemblée Générale de l'ONU, après des propositions des États dont ils sont nationaux.

Le Tribunal Pénal International pour le Rwanda (ICTR) a été créé le 8 Novembre 1994 par la Res 955 du SC utilisant le Chapitre VII de la Charte de l'ONU, l'ICTR a été compétent pour poursuivre des individus responsables pour des actes de génocide, des crimes contre l'humanité, des violations du Article 3 Commun à les Conventions de Genève et son Protocol Additionnel II, ou d'autres ruptures graves du Droit International Humanitaire, commises dans le territoire du Rwanda et des territoires des pays voisins, entre le 1er Janvier et le 31 Décembre, conformément à les dispositions de son Statut (Le Statut du Tribunal Pénal International pour le Rwanda, Art. 1).

L'ICTR, de façon similaire à l'ICTY, a la même compétence que les cours criminelles nationales, il avait la juridiction primaire, et il avait le pouvoir d'apporter à lui-même des cas de la compétence des cours nationales, pour les analyser. Comme l'ICTY, le Principe du *non bis in idem* n'a pas été appliqué dans les mêmes cas (poursuivis comme un crime commun, pas de procès juste ou indépendante). Il a été capable de condamner aux mêmes crimes que les juges nationaux (sauf la peine de mort) et déterminer la restitution de propriétés à ses auteurs.

6.2. LA COUR PÉNALE INTERNATIONALE

Dans la suite des évènements qui ont été mis en place à l'ex-Yougoslavie et au Rwanda, la communauté internationale a aperçu qu'il était nécessaire d'augmenter la répression au crime international par moyen d'instruments pénaux internationaux, avec la création de deux cours internationales *ad hoc* (pour le cas) pour l'ex-Yougoslavie (ICTY) et le Rwanda (ICTR) et, récemment a créé la Cour Pénale Internationale (créée par le Statut de Rome le 17 Juin 1998. L'ébauche du Statut de l'ICC a été recommandée à l'Assemblée Générale le 1994 par plusieurs délégations, parce qu'il serait plus approprié que les tribunaux régionaux *ad hoc* créés par le Conseil de Sécurité. BROWNLIE, Ian. *Principles*, pg. 571). Quoique l'ICTY et l'ICTR sont devenues actives juste après sa création, l'ICC a commencé ses activités le premier jour du mois suivant après le depôt de la soixantième ratification de son traité fondateur (le Statut de Rome). En autres mots, il a été actif dès le 1er Juillet 2002.

L'Article 1 du Statut de Rome affirme qu'il est créé une Cour Pénale Internationale, une institution permanente, qui peut exercer sa juridiction sur des individus, concernant des crimes de haut souci de la juridiction internationale. Sa juridiction est complémentaire au rôle des juges criminels nationaux.

La juridiction de la cour est restreinte aux crimes les plus sérieux qui affectent la communauté internationale dans son ensemble. Dans les termes de son Statut (Article 1, § 5 du Statut de Rome), la Cour a juridiction sur les crimes suivants:

- Génocide (détruire, en tout ou en partie, un groupe national, ethnique, racial ou religieux, par la meurtre des membres du groupe, causer l'atteinte grave à l'intégrité physique ou mentale de membres du groupe, soumission intentionnelle du groupe à des conditions d'existence devant entraîner sa destruction physique totale ou partielle, mesures visant à entraver les naissances au sein du groupe, transfert forcé d'enfants du groupe à un autre groupe);

- Crimes contre l'humanité (attaque généralisée ou systématique lancée contre toute population civile, comme meurtre, extermination, esclavage, déportation ou transfert forcé de population, emprisonnement ou autre forme de privation grave de liberté physique en violation des dispositions fondamentales du droit international, torture, viol, esclavage sexuel, prostitution forcée, grossesse forcée, stérilisation forcée ou toute autre forme de violence sexuelle de gravité comparable, persécution de tout groupe ou de toute collectivité identifiable pour des motifs d'ordre politique, racial, national, ethnique, culturel, religieux ou sexiste, ou en fonction d'autres critères universellement reconnus comme inadmissibles en droit international, en corrélation avec tout acte considéré comme un crime contre l'humanité ou tout crime relevant de la compétence de l'ICC);

- Des crimes de guerre (des infractions graves à les Conventions de Genève de 12 Août 1949, personnes ou des biens protégés par les dispositions des Conventions de Genève, comme l'homicide intentionnel, la torture ou des traitements inhumains, y compris les expériences biologiques, causer intentionnellement de grandes souffrances ou de porter gravement atteinte à l'intégrité physique ou à la santé, la destruction et l'appropriation de biens, non justifiées par des nécessités militaires et exécutées sur une grande échelle de façon illicite et arbitraire, contraindre un prisonnier de guerre ou une personne protégée à servir dans les forces d'une puissance ennemie, priver intentionnellement un prisonnier de guerre ou toute autre personne protégée de son droit d'être jugé régulièrement et impartialement, la déportation ou le transfert illégal ou la détention illégale, la prise d'otages);

- Crime d'agression (envisager, préparer, initier ou faire une guerre d'agression, ou une guerre en violation de traités, accords ou agréments internationaux, ou participation dans une planification commune ou conspiration pour son accomplissement).

Le Statut de la Cour a été approuvé à Rome, le 17 Juin 1998. Diversement de la Cour Internationale de Justice (ICJ), qui analyse des litiges entre États, la Cour Pénale Internationale est compétent pour poursuivre en justice des individus accusés de crimes particulièrement sévères: le génocide, les crimes contre l'humanité, les crimes de guerre et les crimes d'agression. La ICC exerce sa juridiction seulement quand l'État de la nationalité duaccusé, ou l'État dans lequel le crime a été commis, est partie de la Convention, ou explicitement donne son consentement. La Cour est supplémentaire aux cours nationales. La Cour doit intervenir seulement quand les cours nationales ne peuvent pas ou refusent d'apporter les personnes responsables au procès.

L'ICC peut commencer la poursuite en justice quand provoqué par les États parties, par le Conseil de Sécurité de l'ONU ou *ex officio*, avec autorisation expresse de la Chambre Préliminaire. Diversement des autres tribunaux et cours pénaux internationaux, (limités dans le temps et le territoire), l'ICC peut exercer sa compétence et juridiction dans le territoire de toute État partie et, par moyen d'un accord spécial, dans le territoire de tout État.

Les juges de l'ICC sont élus par l'Assemblée Générale de l'ONU, d'une liste créée par le Conseil de Sécurité, après une proposition par l'État dans lequel ils sont nationaux.

L'Article 89 du Statut de Rome fait un institut important: la Réndition. L'ICC peut envoyer une réquisition de la détention et la réndition d'un individu, instruit avec les documents énumérés dans l'Article 91, à tout pays dont le territoire cette personne peut être, et demander la coopération de l'État sur la détention et la réndition de cet individu. Les États parties iront répondre aux réquisitions de détention et réndition selon le Chapitre Neuf (la Coopération Internationale et l'Assistance Judiciaire) et procéder selon ses règles nationales.

Cet instrument juridique a été créé pour éviter les problèmes de l'Extradition, et seulement l'ICC peut utiliser la réquisition de Réndition, dans les crimes de sa compétence. L'État partie peut refuser la Réndition seulement quand l'accusé est déjà en poursuite judiciaire pour le même crime, ou a déjà été jugé (soit condamné ou absous) sur le même crime.

6.3.   LA   JURIDICTION   CRIMINELLE INTERNATIONALISÉE

Troisième Génération de la Juridiction Criminelle Internationale, les Tribunaux Pénaux Internationalisés, ou Tribunaux Criminaux Hybrides, sont autre option pour la poursuite des crimes en Droit International. Elle est aussi appelée Justice Pénale Internationale de Proximité.

Cette branche de la Justice Pénale s'occupe des mécanismes juridictionaux qui les juges nationaux travaillent côte à côte avec les juges internationaux, en appliquant la législation du pays où les faits illicites ont été commises, permettant la participation du État et de sa population dans le procès qui va condamner ou absoudre l'accusé des crimes internationaux.

Le grand avantage de cette méthodologie est d'être proche de la communauté qui a témoigné les crimes commises. Néanmoins, ils sont des juges *ad hoc*, utilisant la Compétence Universelle, nommées pour assurer la certitude du procès, spécialement les crimes dans lequel il y a une grande pression interne qui peut influencer l'impartialité du juge national.

Autre grand avantage est l'audition rapide et simple des témoins, et la production de preuves par les deux parties, parce qu'ils sont auprès du juge, et la Cour peut utiliser le système judiciaire national pour faire des détentions, des citations et des intimations. En plus, un procès correct, rapide et impartial vu par toute la population peut causer un effet dissuasif dans les autres terroristes en potentiel.

Le jugement par les Cours Criminelles Internationalisées est basée sur la compétence interne du État, concernant la matière, le personne ou le lieu (*ratione materiae*, *personae* ou *loci*), mais aussi basé sur la Compétence Universelle. Ainsi, il n'y a pas d'offense à la Souveraineté de l'État, ce qui évite le grand problème de l'application de la Compétence Matériel toute seule.

Exemple: Les Tribunaux au Cambodia, pour la poursuite des Khmers Rouges, avec trois juges nationaux et deux juges internationaux, et une Chambre d'Appel avec quatre juges nationaux et trois juges internationaux.

Exemple: Le Tribunal au Liban, pour le jugement de l'assassinat du Premier Rafic Hariri, avec deux juges internationaux et un libanais, et une Chambre d' Appel avec trois juges internationaux et deux libanais.

6.4. LA JUSTICE INTERNATIONALE ET LE MAINTIEN DE LA PAIX

La confluence entre le travail des Juges Criminaux Internationaux et les Casques Bleus est évidente: ils sont créés par le Conseil de Sécurité, ils ont des mandats clairs et spécifiques, dérivés du Chapitre VII de la Charte, une duration limitée, et leur objectif principal est de restaurer et maintenir la paix et la sécurité internationale, les mêmes objectifs des Nations Unies (Charte, Article 1, §1).

De tous les branches du Droit International, le DIH est considéré le plus théorique et la norme la plus difficile d'être mise en œuvre. Dans une époque où il n'y avait pas de tribunaux pour poursuivre les infracteurs de le DIH, cette branche légale a été plus rhétorique que pratique. De nos jours cela ne peut plus être acceptée, spécialement concernant les crimes qui présentent des menaces à la paix et la sécurité internationales, comme le terrorisme.

Il est probable que pas tous les cas de terrorisme peuvent être envoyés à la Cour Pénale Internationale à la Haie, puisque nombreuses d'entre eux manquent le réquisit de crimes les plus sérieuses de concernement international. Dans ces cas, une Cour Pénale International ou Internationalisée est la solution pour un procès juste, rapide et impartial des terroristes.

En plus, quand le pays ne veut pas, ou ne peut pas, prouver des moyens pour la Cour Pénale Internationale ou des Tribunaux similaires accomplir ses mandats (principalement la prison et la citation de terroristes, mais aussi des Enquêtes Préliminaires et Investigations), les Casques Bleus peuvent mettre en œuvre cette tâche, quand ils sont dûment autorisés dans leurs mandats par le Conseil de Sécurité.

Avec la moderne internalisation des conflits armés le Droit International Humanitaire est devenue plus difficile d'être respecté, par les militaires nationaux (alléguant qu'il diminue l'efficience de combat) et les factions rebelles (dû au manque de discipline). Également, le DIH est considéré le branche légal qui a peu de moyens de mise en œuvre, et seulement entre les États (par les traités, la conciliation, la médiation et autres efforts diplomatiques).

Le jugement des Grands Criminels de Guerre à Nuremberg a déclaré, sur la mise en œuvre du Droit International Pénal, que le droit international impose des devoirs et responsabilités sur les individus ainsi que sur les États, et les deux pouvaient être punis pour des violations du droit international. Des crimes, internationaux ou pas, sont commis par des hommes, pas par des entités abstracts, et seulement par la punition des individus qui ont commis tels crimes les provisions de droit international peuvent être imposés.

Toutes les entités internationales doivent respecter la Souveraineté de l'État. Cependant, quand cet État n'accomplit pas ses obligations pour protéger des droits de l'homme internationalement reconnus (La Lybie, pendant le gouvernement de Mouammar Kadhafi, et la Syrie, pendant le gouvernement de Bashar al-Assad, sont deux cas notoires des violations de droits de l'homme, qui ont demandé une réponse de la communauté internationale), le Conseil de Sécurité ou autre entité compétente peut poursuivre en justice des individus de cet État, en ignorant la Souveraineté, par l'application du principe *Hominum causa omne jus constitutum est* (Toute loi est créée par le bénéfice des êtres humains).

Il est difficile d'assembler une branche de loi théorique et consensuelle (le Droit International Humanitaire) avec des procédures légales pratiques et coercitives (qui sont dans le Droit Pénal). Dans ce contexte reste le rôle principal des Tribunaux Pénaux Internationaux, en sanctionnant les violations du DIH, par l'utilisation de définitions doctrinaires et abstracts pour faire des décisions concrètes et coercitives, et de cette manière dissuader le terrorisme de répéter.

Pour être efficientes, les décisions des Cours Criminelles Internationales doivent avoir:

- Dissuasion, parce que seulement une application rigoureuse du Droit International Humanitaire peut faire les parties belligérants lui respecter;

- Responsabilité individuel, de façon à éviter la culpabilité collective et l'ostracisme par un groupe national ou ethnique et le désir de vengeance, en faisant des conditions pour la réconciliation nationale;

- Recherche de la vérité, donc l'histoire soit écrite si exacte que possible, protégeant les personnes concernés sur le révisionnisme, en créant des conditions pour une paix durable.

Les Casques Bleus peuvent travailler comme un organe exécutif des Tribunaux Pénaux Internationaux, en apportant des terroristes à la poursuite en justice, et aussi en faisant des investigations, des prisons, des citations, des intimations et d'autres mandats émises par la Cour Pénale Internationale, ou d'autres organes criminels internationaux, quand le mandat lui donnent explicitement le pouvoir de prévenir et réprimer des crimes de droit international, et le devoir de travailler comme le *longa manus* de Cours ou Tribunaux Pénaux Internationaux.

Exemple: Dû à l'immunité donné par la Nigéria à Mr. Charles Taylor, et le refus réitéré pour l'envoyer à la Cour Spéciale à Sierra Lione, le mandat de la Mission de Nations Unies à la Liberia (UNIMIL) a été changé par la Res SC 1638 (2005), pour "appréhender et détenir l'ancien président Charles Taylor dans l'évènement d'un retour à la Liberia et de lui transférer ou de faciliter sa transférence à Sierra Lione pour le procès au-devant de la Cour Spéciale pour Sierra Lione et maintenir les gouvernements de Liberia, de Sierra Lione et le Conseil pleinement informées. Il a été détenu le 26 Mars 2006 (RAM, Sunil. *The History of UN Peacekeeping Operations From Retrenchment to Resurgence*, pg. 169).

Exemple: Jean-Pierre Bemba Gombo, ancien sénateur de la République Démocratique du Congo, a été détenu auprès de Bruxelles par les autorités belgiques, suivi d'un mandat de détention émis par la Cour Pénale Internationale. Il a été détenu le 24 Mars 2008 (BBC News, 24 May 2008, <news.bbc.co.uk>).

Les exemples donnés montrent que le principal obstacle pour poursuivre en justice les violateurs du Droit International Humanitaire est le manque de coopération entre les Cours Pénales Internationales et quelques gouvernements qui n'accomplirent pas des mandats de détention contre des criminels dans leur juridiction. Quand il n'y a pas de coopération pour détenir des criminels, une Opération de Paix pouvait performer cette tâche, puisque il a un composant civile capable de mener le sujet, et un composant militaire pour proportionner les moyens nécessaires de sécurité.

L'exigence de justice est essentiel pour faire l'absence de conflits (la paix négative) devenir une société réconcilié (la paix positive). Les soldats de la paix et l'ICC peuvent travailler ensemble pour cela.

7 - LA CHARTE DE L'ONU, SES PRINCIPES ET ORGANES

Les Nations Unies ont été créées l'année 1945, avec la signature et ratification de la Charte de San Francisco. Le contexte historique de la création du système de l'ONU reste sur la suite de la Seconde Guerre Mondiale et les efforts de la Ligue des Nations pour faire un mécanisme pacifique de résolution des disputes entre des États.

La Charte de l'ONU énumère tous les devoirs et droits des États Membres, et ses grands principes et organes. L'Article 1 énumère les principaux objectifs de l'Organisation, de façon à préserver les générations futures du fléau de la guerre:

- Maintenir la paix et la sécurité internationales;

- Développer des relations amicales entre les États;

- Réaliser la coopération internationale en résolvant les problèmes internationaux d'ordre économique, social, intellectuel ou humanitaire;

- Développer et encourager le respect aux droits de l'homme et des libertés fondamentales, sans distinction de race, de sexe, de langue ou de religion;

- Harmoniser les efforts des Nations vers ces fins communes.

Pour accomplir ces objectifs, l'ONU doit suivre les principes annoncés dans l'Article 2:

- l'égalité souveraine de tous ses Membres;

- la bonne foi dans le remplacement de ses obligations;

- des méthodes pacifiques pour régler leurs différends;

- l'abstention d'utiliser la force ou la menace de l'emploi de la force dans leurs relations internationales (c.-à-d., la guerre n'est plus une continuation valide de la politique international par d'autres moyens);

- donner assistance à tous les actions entreprises par l'ONU selon la Charte;

- abstention de donner assistance à un État contre lequel l'ONU prend une action préventive ou coercitive;

- des États Non-Membres sont demandés à prendre tous les mesures nécessaires au maintien de la paix et de la sécurité internationales;

- la non-intervention dans des affaires qui concernent la compétence interne d'un État, sauf les mesures coercitives du Chapitre VII.

La Charte fonde l'action de l'ONU dans quatre sujets principaux: paix et sécurité, des sujets économiques et sociaux, le système de tutelle et l'organe judiciaire. Six organes ont été créés pour réussir ses objectifs: l'Assemblée Générale, le Conseil de Sécurité, le Conseil Économique et Social, le Conseil de Tutelle, la Cour Internationale de Justice et le Secrétariat.

Le premier défi du Système de l'ONU a été de mener le débat entre les deux superpouvoirs (caractérisé par l'influence dans les relations internationales et la possession de grande capacité de guerre, en incluant des armes nucléaires), les États-Unis d'Amérique et l'Union des Républiques Socialistes Soviétiques (USSR).

Ce débat a été la Guerre Froide, qui a duré jusqu'à 1991. Pendant ce temps, des menaces à la paix et la sécurité internationales ne pouvaient pas être répondues par le principal organe concerné, le Conseil de Sécurité. Les deux superpouvoirs ont utilisé le pouvoir de veto pour prévenir le SC d'analyser et d'adopter des mesures de sécurité collective (emploi de forces armées et autres outils coercitives).

Quand des méthodes conciliatoires pour le règlement de différends ne marchent pas, ou ne sont pas disponibles (Chapitre VI) et le système de sécurité collective d'action coercitive dans les cas de menaces ou de ruptures de la paix ne sont pas disponibles (Chapitre VII), la solution a été de créer l'alternative du maintien de la paix, fondé sur un "Chapitre VI et demi" qui utilises les deux normes légales et pouvoirs.

L'Histoire des Opérations de Paix de l'ONU, de son commencement à l'année 1948 jusqu'à nos jours, a déjà été exposé. Maintenant c'est temps pour un quatrième pas vers la paix et la sécurité internationales, par l'inclusion dans les missions de maintien de la paix multidimensionnelles une capacité contreterroriste, et aussi d'additionner des responsabilités aux autres organes et agences de l'ONU concernés.

7.1. L'ASSEMBLÉÉ GÉNÉRALE (GA)

La GA est le principal organe délibératif, qui comprend tous les membres de l'ONU. Elle peut emmètre des recommandations aux États Membres ou au Conseil de Sécurité sur toute question concernant aux objectifs de la Charte, à l'exception de quand le CS est déjà examinant le cas, ou a déjà pris une décision.

Ainsi, des menaces ou des ruptures à la paix et à la sécurité internationales peuvent être analysés par la GA, quand le SC n'en est pas encore informé. Elle peut quand même prendre une décision sur des sujets importants par le vote favorable de deux tires de ces Membres.

Une recommandation concernant le contreterrorisme peut être débattu dans le Première Comité de la GA (Désarmement et Sécurité Internationale) et le Sixième Comité (Sujets Légaux).

7.2. LE CONSEIL DE SECURITÉ (SC)

Il est le grand responsable pour le maintien de la paix et la sécurité internationales. Il peut prendre des actions en utilisant les pouvoirs du Chapitre VI (négociation, investigation, médiation, conciliation, arbitrage, résolution judiciaire, recours à des accords et organismes régionaux, ou autres moyens pacifiques).

Le SC peut aussi prendre des mesures coercitives prévues dans le Chapitre VII, c'est-à-dire, demander aux États-Membres à faire ce qui suit:

- L'interruption totale ou partielle des relations économiques;

- L'interruption des communications terrestres, aériennes postales, télégraphiques ou radioélectriques;

- La rupture des relations diplomatiques;

- Les embargos (interdiction de vendre des armes, pétrole, véhicules et autres items).

Si les mesures coercitives ci-dessus n'ont pas pris d'effet, ou ils sont inadéquates, il peut prendre ou autoriser des opérations aériennes, navales ou terrestres pour faire:

- Des démonstrations de force (mobiliser des troupes et des véhicules dans la frontière, faire des attaques aériennes, capturer ou couler des navires de guerre);

- Des blocus dans routes, ports and aéroports, sauf l'aide humanitaire à la population;

- Autoriser une Opération de Paix, en utilisant des troupes militaires et de police des États-Membres (des Pays Contributeurs de Troupes).

De forme à prendre une capacité contreterroriste dans les Opérations de Paix, le SC doit proportionner un mandat avec pouvoir spécifique aux gardiens de la paix: des Règles d'Engagement lui habilitant à agir dans les cas de terrorisme et autres crimes internationaux; autorisation pour accomplir les mandats des Cours Pénales Internationales, et demander aux Pays Contributeurs de Troupes à envoyer quelques de ses militaires avec formation spéciale concernant le contreterrorisme.

7.3. LE CONSEIL ÉCONOMIQUE ET SOCIAL (ECOSOC)

L'ECOSOC a l'attribution de faire des recommandations concernant le développement économique, sociale, culturale, sanitaire, sûreté et progrès. Ils peuvent être adressés à la GA, les États-Membres ou des agences spécialisées.

D'entre ses diverses Commissions, la Prévention du Crime et Justice Criminel, Droits de l'Homme, Stupéfiants et Drogues sont liées au terrorisme, et ils peuvent conduire des études sur des mesures pour lui détecter et prévenir.

7.4. LE CONSEIL DE TUTELLE (TC)

Le TC a été responsable pour l'administration et la supervision des territoires de façon à promouvoir le développement et le progrès vers l'indépendance. Des territoires sur tutelle ont été des territoires soumis à des mandats pendant la Ligue des Nations, ou détachés des États ennemis après la Seconde Guerre Mondiale, ou placés volontairement.

De nos jours il n'y a plus de territoires sur sa supervision, mais l'Assemblée Générale a recommandé que le TC analyse des cas concernant l'intégrité de l'environnement globale, l'océan, l'atmosphère et le espace sidéral, ainsi que la modification de l'environnement (UNITED NATIONS, <www.un.org/documents/tc.htm>).

7.5. LA COUR INTERNATIONALE DE JUSTICE (ICJ)

L'ICJ est le principal organe judiciaire de l'ONU. Ces attributions principales sont la résolution de disputes soumises à elle par les États Membres, selon le Droit International, et faire des opinions d'experts à l'Assemblée Générale, le Conseil de Sécurité et, quand autorisé, aux autres organes et agences de l'ONU.

Concernant le terrorisme, il peut faire plusieurs opinions d'experts et jugements, de la légalité d'établir une Cour Pénale Internationale ou Internationalisée, ou même si l'acte terroriste en étude peut être considéré une offense ou rupture de la paix et de la sécurité internationales.

7.6. LE SECRETARIAT ET LE SECRETAIRE GÉNÉRAL (SG)

Le travail administratif des Nations Unies est mené par le Secrétariat, qui est dirigé par le Secrétaire Général. Il est divisé par offices, départements et Représentants Spéciaux. Son staff mettre en œuvre des programmes et des politiques décidés par les autres cinq organes.

Il est l'organe le plus proche des mission de maintien de la paix, et ses attributions lui concernant varient de conversations aux Pays Contributeurs de Troupes de façon à envoyer du personnel militaire à une Opération de Paix, à l'information envoyée au Conseil de Sécurité sur la situation actuelle que les Casques Bleus sont à vivencier, avec des recommandations pour changer le mandat ou éloigner la mission.

Le Secrétaire-Général a la responsabilité d'informer au Conseil de Sécurité sur toute menace potentielle à la paix et la sécurité, ainsi que d'autres fonctions confiées à lui par les autres organes de l'ONU. Dès qu'il est commument choisi dans la communauté diplomatique, il est aussi confié à faire les parties belligérantes à dialoguer à travers des bons offices.

En bref, il n'y a pas besoin d'un change structurel pour performer des tâches spécifiquement liées au terrorisme, puisque tout le système de l'ONU a été conçu pour mener avec la paix et la sécurité internationale, et il est un système très flexible, qui a été adapté pour affronter des nouveaux défis par toute son histoire. Tout que l'ONU a besoin est d'autre révision de sa doctrine, pour faire face aux défis du 21ème siècle.

8 - LES EFFORTS DE l'ONU CONTRE LE TERRORISME

Trois semaines après les attaques terroristes au World Trade Center, au Pentagone et le détournement d'autre avion qui s'a heurté au sol, l'11 Septembre 2001, le Conseil de Sécurité de l'ONU a approuvé la Résolution 1373. Il est un document peu commun parce que pour la première fois une résolution basée sur le Chapitre VII a été créée pour être appliquée à tous les Pays Membres. Elle vise des mesures criminelles, financières et administratives pour mener à la fin l'appui d'individus et d'entités liées au terrorisme.

La Résolution 1373 (2001), du 28 Septembre 2001, demande que les États évitent et répriment le support financier des actes terroristes à travers de procédures légales et financiers très austères; qu'ils cessent de proportionner toute forme de soutien à les parties liées au terrorisme; qu'ils definent les actes terroristes comme conduites criminelles graves dans leurs cadres juridiques nationaux, avec une punition sévère; et qu'ils établissent des procédures pour vérifier des terroristes potentiels avant de lui donner le status de refugié, quand ils sont liés à la préparation, participation ou perpétration d'actes terroristes.

Le Comité de Contreterrorisme (CTC) a été mis en place avec la Résolution 1373 (2001) pour superviser la mise en œuvre de ces mesures, ainsi qu'améliorer la capacité des gouvernements de combattre le terrorisme. Tous les membres du Conseil de Sécurité sont partie du CTC. La Résolution 1373 demande à tous les États d'informer le CTC sur l'adoption de ces mesures, en montrant quelles procédures ils ont créées pour accomplir la Résolution, tout dans la date limite de 90 jours.

Il n'y a pas de référence dans la Résolution 1373 sur le respect des droits de l'homme internationaux, humanitaire ou des refugiés. Cette situation a été résolue par la Résolution du Conseil de Sécurité 1456 du 20 Janvier 2003, en demandant aux États d'assurer que les procédures dans la lutte contre le terrorisme soient faites en concordance avec toutes les dispositions liées dans le droit international. Elle demande aussi l'adoption de mesures pour accomplir le droit international, spécialement les droits de l'homme internationaux, de réfugiés et humanitaire. La Résolution 1456 est une obligation importante et une étape en avant pour défendre le respect aux values des droits de l'homme internationaux.

Le Directorat Exécutive Contreterroriste (CTED) a été créé le Mars 2004 pour assurer l'aide institutionnel à l'engagement contreterroriste. Le CTED a un groupe de spécialistes pour donner d'opinions d'expert au CTC sur des aspects techniques des rapports gouvernementaux.

Les rapports du CTC doivent d'abord informer le progrès dans la mise en place de la législation pour accomplir tous les mesures de la Résolution 1373, et d'actes pris pour devenir partie à les conventions et protocoles internationales concernant le terrorisme; en plus, informer sur la mise en œuvre des mesures administratives efficaces pour prévenir et réprimer le financement du terrorisme.

Une étape postérieure dans les rapports doit apporter des structures exécutives (de police, intelligence, et aussi douane, immigration et contrôle de frontières; en ne permettant pas d'accès à d'équipement militaire) de façon à prévenir des nouveaux soldats aux groupes terroristes, leurs réunions, des lieux en sécurité et autres mesures d'appui pour les membres ou groupes terroristes.

La méthodologie de travail du CTC et du CTED comprend:

- Des visites aux pays pour évaluer la nature et l'assistance donnée pour accomplir la Rés SC 1737, et supervisioner leur progrès;

- Des programmes d'assistance technique, financière, régulatrice et législative, pour lier des pays;

- Des rapports complets des pays concernant les circonstances contreterroristes, ainsi que devenir une voie de dialogue avec le Comité;

- Des meilleures pratiques, codes et modèles de forme que les gouvernements peuvent lui appliquer selon ses besoins et obligations;

- Liaison avec des organisations internationales et régionales, de façon à réussir l'unité d'efforts et utiliser des ressources de la meilleure forme possible.

Le terrorisme est une menace réelle dans plusieurs pays autour du monde. Cependant, ses méthodes de le contrer doivent respecter les valeurs fondamentales du système légal international. Tous les instruments et directives disponibles aux pays doivent être utilisés pour prévenir la dissémination de la terreur.

En bref, combattre le terrorisme ne doit pas causer la terreur à la population concernée ou la terreur continuera avec autres acteurs. Donc, pour éviter cela, le droit international doit être obéi, et le droit humanitaire doit être observé sans aucune exception.

Quelques pays argumentent qu'il est nécessaire de mise en place des pouvoirs spéciaux pour répondre à la menace sans précèdent et exceptionnel du terrorisme. Ces pouvoirs spéciaux peuvent inclure:

- Des définitions subjectives et étendues qui sont similaires à des crimes politiques;

- Le pouvoir d'arrêter et de détenir des personnes sans un mandat judiciaire;

- Entrer dans des maisons sans un mandat judiciaire ou un état de flagrance;

- Violer le secret de communication et correspondance sans un mandat judiciaire;

- Maintenir des personnes détenus *incommunicado* même de ses parents et son avocat;

- Maintenir la détention temporaire pour temps indéfini;

- Apporter le terroriste à des cours *ad hoc* ou militaires;

- Utiliser des méthodes d'interrogatoire qui peuvent être considérées comme torture;

- Utiliser d'intelligence obtenue illicitement dans une investigation.

Au niveau stratégique, l'effort mondiale contre le terrorisme est bien organisé par le Conseil de Sécurité et autres acteurs internationaux concernés, ainsi que bien orienté et efficace. Aujourd'hui il est très difficile pour un pays ou organisation donner support aux terroristes, financier des groupes illégaux et organiser des camps d'entraînement pour les soldats, parce que les États Parties et/ou la communauté internationale les pénalisera avec des embargos, des restrictions dans les affaires économiques et diplomatiques.

Au niveau tactique, cependant, les pouvoirs spéciaux donnés pour prévenir la terreur, commument pas suivi de responsabilité dans les champs administratif et criminel pour la faute des agents gouvernementaux, a causé une grande peur dans la population. Causer la peur dans une population, spécialement quand cela gère l'ostracisme et le détachement de minorités, est contre-productif et contre tous les efforts pour combattre le terrorisme. Il n'est pas efficace de combattre la peur avec plus peur.

9 - LA FONCTION DE L'INTELLIGENCE DANS LE CONTRETERRORISME

L'intelligence peut être défini comme l'opération d'obtenir des informations du ennemi, dans le contexte d'un conflit armé. Obtenir l'intelligence est indispensable dans la prévention du terrorisme, puisque ça peut identifier, comprendre et analyser des menaces terroristes avant qu'elles soient commises, et créer la base matérielle pour des investigations et poursuites criminelles, et aussi construire des stratégies préventives. Cela est une fonction essentielle dans un pays démocratique, puisque elle habilite des jugements justes, et est connue par des siècles.

Cependant, le maintien des pouvoirs et procédures disponibles à les agences d'intelligence, avec le partage international d'information et une coopération sans précèdent pour rechercher les terroristes et suivre ses activités, a mené à une multiplicité de procédures légales et administratives qui donne priorité à la sécurité collective en détriment des libertés individuelles.

C'est une des responsabilités de l'État de protéger ses citoyens de toute attaque collective, et il est notoire que la collecte d'intelligence est le seule instrument disponible pour prévenir des menaces à la population. En plus, des acteurs terroristes qui ont des supporteurs dans autres pays peuvent être mieux luttés quand tous les gouvernements concernés, et leurs agences, travaillent ensemble.

Il est aussi sans aucun doute que l'obtention d'intelligence doit être confidentielle, pas ouverte au scrutin public, de façon à protéger leurs opérations, les agents d'intelligence et, le plus important, les individus enquêtés. Des modernes dispositifs et la coopération internationale a apporté l'intelligence au cœur de toute effort contreterroriste, mais cela ne peut pas apporter la manque de responsabilité pour lesquels qui exagèrent dans l'use des pouvoirs d'investigation.

La séparation de pouvoirs, caractérisé par le système de *checks and balances* entre l'Exécutif, le Législatif et le Judiciaire, plus que jamais doit être respectée. L'intelligence ne peut pas faire les pouvoirs de l'Exécutif plus lourds et plus importants que les autres.

De la même façon, l'État de droit (*Rule of Law*) et le dû procès légal, ce qui comprend respectivement des libertés individuelles (communication, association, opinion, et autres), et les garanties judiciaires (contredire l'accusation, présomption d'innocence, production de preuves, pas d'acceptation de preuves produits illégalement) sont nécessaires pour protéger de personnes innocentes de l'intelligence mal interprété et des jugements injustes.

La responsabilité est nécessaire pour contrebalancer les pouvoirs donnés aux acteurs d'intelligence qui abusent de leur autorité exécutive. Sûrement, si l'activité requiert de la confidentialité, ainsi la procédure légale. La confidentialité de la poursuite en justice est nécessaire pour protéger les agents, leurs familles et aussi les victimes d'investigations illégales ou abusives. Une compensation pour la victime est aussi nécessaire, mais le fait que le personne comprenne les conséquences d'abuser de son pouvoir, et la sûreté qu'il sera puni, lui prévente de la mauvaise conduite.

La collecte d'intelligence est toujours une menace potentielle à l'intimité individuelle. Des opérations d'intelligence doivent être secrètes, ainsi que leurs sources. Néanmoins, la transparence de l'état de droit doit être assuré, sans révéler des méthodes opérationnelles, mais qui est le décideur de l'abus, comme la décision a été prise, et quelles mesures ont été prises pour prévenir, ou punir, la corruption, le mauvaise usage de l'information ou l'illégalité.

L'augmentation des pouvoirs exécutifs par l'Exécutif est aussi un terrain potentiel pour la mauvaise conduite. Toutes les agences d'intelligence ont un rapport journalier aux leurs supérieurs, mais il n'y a pas de supervision des organes judiciaires. Ainsi, la supervision proche et les mesures d'imposition de la loi, comme la prison, la détention et l'enquête, requièrent un mandat judiciaire pour être dans le dû procès légal.

Quand des agents privilégient l'intelligence, il est plus probable qu'ils prennent l'opportunité de détenir un suspect, intercepter ses communications (courriel, email, ou phone) ou envahir son domicile hors du État de droit (pas de flagrance ou de mandat judiciaire). Ça ira devenir seulement s'il n'y a pas de responsabilité, ou l'expectative de punition.

La coopération internationale entre les agences internationales a apporté un nouveau danger à l'état de droit et au système judiciaire: le partage de preuves sans connaître comme ils ont été produits. Puisque l'échange d'informations est encouragé, une investigation peut être menée avec des preuves collectées dans autres pays.

Exemple: le système légal du pays A permet une interception de courriel sans un mandat judiciaire. Donc la preuve a été légale dans la loi locale, même si elle va mener à une décision injuste. Cette preuve peut être utilisée pour demander une extradition au pays B, qui interdit cette procédure illégale. Si l'extradition est octroyée, le pays B aura utilisé des preuves illégales, défigurant le dû procès légal assuré dans le pays B.

Dans quelques cas l'extradition est mise en œuvre même quand le personne peut être soumis à des mauvais traitements dû à sa race, religion, nationalité, opinion politique ou pour participer d'un groupe spécifique. Cette condition lui prévient d'être extradité, selon le Principe du Non-Refoulement.

Dans autres procédures, quand il n'y a pas de preuves suffisantes pour la poursuite en justice, l'extradition a été remplacée par la réndition. La réndition est requise pour la collecte d'intelligence, et le suspect est envoyé au pays étranger pour l'interrogatoire, sans avis à sa famille. Néanmoins, sans une procédure légale, la réndition est une disparition forcée, un crime en droit international.

Le Programme de Supervision Terroriste (TSP), mené par l'Agence de Sécurité Nationale (NSA) aux États-Unis, active quelque temps après le 11 Septembre mais connu seulement dès 2005, permet la surveillance électronique de proximité de membres potentiels de Al Qa'ida, ou des groupes connexes, sans un mandat judiciaire quand un des personnes liés est au-dehors des États-Unis. Le TSP a été en conflit avec l'antérieur *Foreign Intelligence Surveillance Act*, et la nouvelle norme a été confirmée après. Tous les suivis de communications hors des États-Unis ne demandent pas l'autorisation ou le scrutin judiciaire, même si une personne aux États-Unis est liée (REPORT OF THE INTERNATIONAL COMMISSION OF JURISTS, 2008, pg. 83).

Les pouvoirs d'investigation et d'arrêter sans un mandat judiciaire doivent être exceptionnels, temporaires et demandent une suspicion suffisante fondée sur des informations et des données déjà collectées. Par aucune forme ils peuvent être utilisés dans une investigation quotidienne, même si l'intégrité d'une Nation est concernée. La coopération internationale contre le terrorisme inclut, au-delà de partage d'intelligence, des mesures d'imposition de la loi et d'immigration.

Parmi les questions que la collecte d'intelligence résulte dans ce qui concerne la légalité d'un interrogatoire sont:

- Pas d'identification des enquêteurs;

- L'absence d'un avocat durant l'interrogatoire du suspect;

- Le droit d'intervenir, par moyen d'un avocat, à des questions peu claires ou ambiguës;

- Le droit d'informer sa famille de sa détention;

- Le droit de ne pas répondre à toute question qu'il ne veut pas répondre;

- Le droit à nier de répondre à une question sans aucune présomption contre lui;

- Le droit de choisir un avocat de son propre choix (il est nommé par l'enquêteur);

- La communication en confidence avec le conseiller;

- Des détentions sans limite de temps, ou revenues plusieurs fois;

- Des détentions par des pouvoirs exécutifs, sans confirmation judiciaire;

- Pas d'accès aux remèdes légaux, comme l'Habeas *Corpus*, pour discuter la détention dans un tribunal;

- L'impossibilité de requérir que les agents témoignent dans un tribunal.

Des violations peuvent avoir lieu pas seulement quand l'intelligence est collectée, mais principalement quand il n'y a pas de critères ou de normes spécifiques sur l'accès et l'utilisation de tel information. Un système de base de données sans spécifications et descriptions claires peuvent se reporter à un national comme une menace terroriste, et partager cette information. Quand le national voyage à l'extérieur, ou fait des affaires à l'outre-mer, il sera méjugé comme une menace potentiel et subir des retardes à l'immigration, aux transferts bancaires et même la délivrance de courriel.

Les aspects légaux dans la conduite d'une investigation sur des activités terroristes et le traitement de détenus seront discutés au chapitre prochain.

Les informations personnelles d'une personne sont normalement un sujet sensible, et elles peuvent être utilisées pour autres propos que l'investigation criminelle, ou envoyées à des pays tiers ou agents sans la responsabilité nationale dans leur système judiciaire national.

La première règle légale dans les services d'intelligence, concernant le secret et la confidentialité est que, quand une personne découvre toute information sensible, il devient responsable pour maintenir cette intelligence en secret ou confidentielle du public ou de la media. Autrement dit, il/elle est responsable dans leur système judiciaire aux niveaux administrative et criminel.

En conclusion, la responsabilité propre est la seule forme de prévenir des abus dans les services de collecte d'intelligence, et est une responsabilité de l'envoyeur ainsi que du récepteur de l'information, indépendamment de son cadre normatif national.

10 - DIH: LE PROBLÈME OU LA SOLUTION?

Avec le pouvoir de détention (expliqué ci-dessus) vient le droit d'interroger le suspect, qui intègre toute investigation. Cependant, dans quelques cas des personnes suspectes d'activités terroristes sont tenues au-dehors du état de droit, en détention secret ou *incommunicado* et sans accès à un avocat, leurs familles ou à des remèdes judiciaires comme le *habeas corpus*, parmi d'autres déjà exposés.

Il est ainsi dit sur les diverses méthodes d'interrogation qui peuvent être interprétés comme torture, parmi d'autres qui sont clairement illégales dans le Droit International des Droits de l'Homme.

Les deux sont mises en œuvre avec le propos de collecter l'intelligence dans des situations sensibles, quand toute connexion entre le détenu et l'extérieur peut ruiner l'investigation et apporter une menace au pays, quand le suspect est vraiment un terroriste et il peut ordonner une attaque avec des bombes ou un assassinat.

Cette discussion est mise en place dû à l'usage du cadre juridique des Droits de l'Homme, qui n'est pas l'outil plus adéquat quand un gouvernement mène avec des ennemis dans un Conflit Armé Non-International, Asymétrique et de Basse Intensité, où les parties sont le gouvernement et le groupe terroriste.

Dans cette situation le cadre juridique adéquat est le Droit International Humanitaire. Donc, tout membre d'une partie (gouvernement ou le groupe terroriste) peut être considéré un Combattant, et recevoir le statut de Prisonnier de Guerre jusqu'à il y a de base suffisante pour affirmer qu'il a commis un crime en Droit International (terrorisme ou d'autres crimes contre l'humanité). Alors un procès légal peut commencer dans une cour compétente pour mener avec tels offenses.

Seulement à cette cas sa situation va changer de Prisonnier de Guerre à de Criminel de Guerre, parce que il y a des preuves suffisantes qu'il a commis un crime (utilisant des méthodes illégales de combat, en causant la terreur généralisée à la population), et la poursuite en justice contre lui peut commencer.

Quand il y a des doutes sur le statut du détenu, il doit être considéré un Prisonnier de Guerre, parce que toute personne engagé dans le combat doit être assuré ce statut jusqu'à la clarification appropriée.

Quand il y a d'évidence suffisante que la terreur a été utilisée, ou a été planifié d'être utilisée, contre la population civile, et il est clair que le terrorisme est un méthode illégal de guerre, il y a des données suffisantes pour affirmer qu'il y a un conflit armé, et les détenus liés sont des Combattants potentiels, et des Prisonnier de Guerre potentiel si détenues.

Un Prisonnier de Guerre est défini comme toute Combattant qui se trouve dans les mains de l'ennemi, soit dans une Force Armée régulière, une guérilla, un groupe insurrectionnel ou un terroriste. Pour être un Combattant, la personne doit avoir les conditions ci-dessous (déjà expliquées dans le Chapitre Cinq):

- Avoir un commandant responsable pour ses subordonnés (chaîne de command);

- Avoir une signe distinctive reconnaissable à distance (des uniformes ou des treillis de combat);

- Porter des armes ostensiblement;

- Respecter, dans leurs opérations, les lois et les coutumes de la guerre.

Puisque un combattant potentiel est considéré un combattant, des procédures de supervision, interception de communication et la prison et détention personnelle pour l'interrogatoire, tout sans mandat judiciaire, sont des méthodes exécutives légales pour collecter l'intelligence du ennemi, et au-dedans du champ légal du Droit International Humanitaire et le Droit des Conflits Armés.

Quand une personne suspectée de terrorisme est détenue, le statut de Prisonnier de Guerre lui doit être octroyé, parce qu'il est un

Combattant légal jusqu'à il y a d'évidence suffisante qu'il a commis des crimes concernant le droit international.

Comme un Prisonnier de Guerre, il recevra le traitement approprié, dans les termes ci-dessus:

- Il sera détenu jusqu'au fin des hostilités contre ce groupe, parce qu'il ne peut pas être libéré et joindre la Partie Adverse une autre fois;

- Il n'a pas d'accès aux outils judiciaires comme le *Habeas Corpus*, ou aux avocats, mais il n'est pas considéré comme avoir commis aucun crime dans la loi national;

- Il ne peut pas se communiquer avec personne que le représentant du Mouvement de la Croix Rouge et du Croissant Rouge, de façon à ne pas donner d'informations sensibles à la Partie Adverse (le groupe terroriste ou des personnes affiliés);

- Il sera traité humainement, et d'aucune forme sera obligé à répondre des questions pendant son interrogatoire; et

- Par n'importe quelle hypothèse il ne sera pas torturé, et des confessions faites par torture seront déclarées nulles et inefficaces, avec une compensation répandue à l'individu.

Cependant, quand il y a assez de base pour l'accusation de participation ou agissement dans un acte terroriste, son statut changera de Prisonnier de Guerre à un Criminel (pour terrorisme ou des crimes contre l'humanité) en Droit International, parce qu'il n'a pas accompli les conditions pour être un POW: il n'a pas respecté les règles et coutumes de la guerre quand il a utilisé des méthodes illégales de guerre par la provocation de la terreur généralisée à la population civile.

En plus, il/elle ne se distinguait pas de la population civile, parce qu'il/elle n'a pas porté d'uniformes ou de treillis de combat, ce qui est une violation du Principe de la Discrimination; il/elle n'a pas même porté ses armes ostensiblement. Ceux-ci sont des exemples clairs de la Perfidie, une violation du DIH.

Donc, le supposé criminel sera poursuivi en justice par une cour internationale (ou internationalisée) pour les crimes commises. S'il n'y a pas d'évidence suffisante pour un procès, il/elle sera libéré(e).

Néanmoins, dans tous les cas il doit être traité humainement, c.-à-d., pas torturé ou subi des traitements cruels, inhumains ou dégradants. S'il est considéré un criminel local, il sera envoyé à une cour nationale pour la poursuite judiciaire. D'aucune forme la conduite inhumaine est acceptable.

Le cas concernant la mort d'Osama bin Laden est un exemple clair de comment le cadre juridique correcte peut influencer la légitimité d'une opération. Il a utilisé une de ses épouses comme un bouclier humain pour résister à la prison (selon la version non officielle de la scène. ABC News May 02, 2011, <www.abcnews.go.com>). Au final l'Objectif Militaire a été accompli, mais il y a un dommage collatéral, la mort du bouclier humain.

Si on essaye d'analyser le cas dans le cadre des droits de l'Homme, l'opération a été complétement illégale, parce que dans la loi de HR il n'y a pas de dommage collatéral. La négociation ou d'autres méthodes non-létales doivent être utilisées, et siéger tout le compound jusqu'il se rend, ou il y a une opportunité de lui neutraliser sans risque au otage, ou l'otage est en péril clair et immédiat. Mais ça n'est pas un point de vue faisable.

Néanmoins, si l'observateur étude le cas en utilisant le cadre du Droit International Humanitaire, bin Laden est considéré un Combattant, donc un Objectif Militaire, et sa neutralisation a été considéré comme une Nécessité Militaire. Il n'y avait pas de temps pour un siège, ou négociation, parce qu'il était une situation qui demandait une décision rapide. La mort du bouclier humain, même malheureux, a été un dommage collatéral proportionnel aux Objectifs accomplis.

Bin Laden pouvait être détenu et poursuit en justice dans une Cour Internationale pour des crimes en Droit International (Même si les cours internationales ont une responsabilité subsidiaire (voir Chapitre

6), le jugement d'Osama bin Laden serait bien compliqué dans les cours nationales, puisque plusieurs pays (les États-Unis, l'Angleterre et la France, parmi d'autres) pouvaient soutenir qu'ils ont la juridiction sur les crimes commis par bin Laden ou Al Qa'ida dans leurs territoires (compétence *ratione loci*), et contre leurs citoyens (compétence *ratione personae*)), c'est-à-dire, le terrorisme et/ou les crimes contre l'humanité. Mais la réponse des États-Unis dans les cas antérieurs, avec des allégations de torture et de traitement inhumaine, peut lui avoir pris la décision de résister à la prison.

Le cas bin Laden a été valide et justifiable dans le cadre du DIH, mais il est loin de la solution de long terme idéale au terrorisme international, qui doit être cherché si un pays veut lutter les causes profondes du terrorisme, et prévenir des groupes terroristes de recruter des nouveaux membres et démoraliser leurs chefs.

Une réponse purement militaire au terrorisme peut apporter une solution à court terme au terrorisme, mais il crée des problèmes à long terme, et la menace peut être dormante, en attendant une opportunité pour se lever une autre fois. De même, l'État ne doit pas utiliser des méthodes de guerre illégales pour lutter des combattants, même quand ils ont utilisé de la perfidie ou d'autres instruments interdits contre lui.

Une réponse complète au terrorisme doit inclure:

- La collecte d'intelligence (L'opération de collecter de l'intelligence (du ennemi) est diverse de la collecte de preuves dans les enquêtes pour l'instruction criminelle (contre le citoyen). Dans le DIH, il n'y a pas besoin d'un mandat judiciaire pour collecter de l'intelligence du ennemi, parce qu'il est au-dedans du pouvoir exécutif de toute opération militaire) avec des méthodes légales (en Droit International Humanitaire, le cadre juridique propre applicable), ainsi ils peuvent être utilisés en cour pour un jugement juste;

- Une Cour Criminelle Internationale ou Internationalisée, compétente pour poursuivre en justice et punir les crimes de droit international, comme le terrorisme;

- Un organe exécutif pour accomplir ses mandats judiciaires, ce qui inclut la prison, la détention, les intimations et les notifications, ce qui peut être une Opération de Maintien de la Paix. Exemple: les fonctions et l'autorité données à l'Administration Transitoire des Nations Unies au Timor Est - *United Nations Transitional Administration in East Timor* (UNTAET) et la Mission des Nations Unies au Kosovo - *United Nations Mission in Kosovo* (UNMIK).

- Le respect à la dignité du être humain, dans tous les cas et à tout temps.

Il n'y a pas de besoin de lois et normes spécifiques pour lutter contre la terreur. Les Conventions de Genève, spécialement l'Article 3 Commun, n'ébranlent pas l'effort contreterroriste. Ces Conventions ont été créées juste après la Seconde Guerre Mondiale. Ils étaient conscients des nécessités militaires ainsi que la protection humanitaire, et des abus qui peuvent devenir quand ces réglementations ne sont pas respectées.

Le droit humanitaire et les droits de l'Homme n'étaient pas créés dans une époque de paix et de stabilité politique. Au contraire, leur *raison d'être* a été de créer un cadre juridique pour répondre efficacement aux crises plus sérieuses. Les droits de l'Homme ne sont pas superflus, et ils ne peuvent pas être ignorés en temps rigoureuses, même quand quelques d'entre eux peuvent être suspendus en cas d'émergence. Au contraire, il est le fondement pour une réponse efficace aux menaces à la paix et la sécurité internationales.

La transition pour la paix dans les pays ravagés par des conflits armés caractérisés par l'usage du terrorisme et d'autres méthodes illégales de guerre doit être faite avec l'accomplissement plein des droits de l'Homme, tel que:

- Un ombudsman indépendant ou autre réseau pour réclamer avec l'imposition légale suffisante pour examiner des complaintes des civiles contre les officiers de police ou militaires;

- Supervisioner le force de police et militaire sur les réquisits d'activités bureaucratiques quotidiennes, et assurer la participation de toute la population civile dans le recrutement;

- Des régulations disciplinaires, des trainements sur les droits de l'Homme et des codes de conduite;

- Enregistrer les interrogatoires et les auditions, permettant qu'un avocat soit présent quand le personne est accusé des crimes, dans la loi national ou international;

- Promulguer des lois nationales selon le cadre juridique du droit international des droits de l'Homme;

- Des lois nationales promouvant l'égalité et des actions affirmatives aux minorités;

- Des systèmes de poursuite en justice et de punition justes, vites et accessibles;

- La création d'agences exécutives pour promouvoir l'égalité et les droits de l'Homme;

- Respecter l'égalité et les droits de l'Homme dans tous les pratiques gouvernementales, de la fomentation économique à la participation de jeunes en débâtes sur des propos de lois polémiques.

En conclusion, nous affirmons que le DIH est la valeur fondamental pour le maintien de la paix et de la sécurité internationale, et pour combattre le terrorisme et d'autres menaces à la stabilité d'un pays (les Droits de l'Homme sont plus probables d'être respectés dans les États où l'état de droit prédomine, parce qu'il y a une paix soutenable. Cependant, si un État est si faible qu'il ne peut maintenir l'état de droit pour le bénéfice de ces citoyens, et la paix est menacée, le DIH est le conjointe de règles qui guidera la conduite de tous les opérations contre les ébranleurs du procès de paix).

11 - LA SOUVERAINETÉ DE L'ÉTAT: UN BOUCLIER OU UNE CIBLE?

La coopération internationale parmi les agences d'intelligence et les efforts par les gouvernements, montrés dans les chapitres antérieurs, n'est pas toujours lisse. Le gouvernement pakistanais, par exemple, a fortement désapprouvé l'opération mise en place au Pakistan, sans sa connaissance ou consentement, par les Forces Spéciales des États-Unis le Mai 2011, qui a résulté en la mort d'Osama Bin Laden (ABC News, May 02, 2011, <www.abcnews.go.com>).

Islamabad a déclaré que l'opération Geronimo, mené le Mai 2011 dans un compound fortifié pour tuer ou capturer l'homme cherché pendant une décennie pour des actes terroristes et le support à des groupes terroristes, est une violation claire de son territoire et souveraineté. Il y avait aussi des complaintes sur d'attaques en utilisant des drones et d'autres actions sans communication antérieure.

Le Juillet 2011, le Congrès des États-Unis a reçu l'information que Osama Bin Laden habitait pour beaucoup de temps à Abbottābād, auprès de la principale Académie Militaire Pakistanaise, et a décidé de suspendre un aide militaire d'US$ 800 million au Pakistan. Des tensions ont aussi augmenté après que l'Amiral Mike Mullen a déclaré que les forces de sécurité pakistanaises ont tué le journaliste Syed Saleem Shahzad, après qu'il a publié que des personnes extrémistes ont été recrutés par l'Armée Pakistanaise (RESENHA, Jul 10, 2011, <www.exercito.gov.br>).

Les relations entre les pays, comme énuméré dans la Charte de l'ONU, article 2, sont fondées dans le Principe d'Égalité Souveraine des États, de façon à maintenir la paix et la sécurité internationales, développer des relations amicales parmi les pays, coopérer au niveau international pour résoudre des problèmes économiques, sociales, intellectuelles ou humanitaires, et harmoniser les efforts des Nations vers fins communes.

Toutefois, certains acteurs de conflits modernes ne sont pas liés aux Principes de l'ONU, par exemple dans les conflits asymétriques, quand une ou plus parties ne sont pas reconnus comme des entités légales internationales (les rebelles, la militia, les révolutionnaires, les soldats dissidents, la guérilla, les lutteurs de libération) quand il n'y a pas de front clair, avec des territoires qui sont totalement contrôlés par une des parties, et les combattants engagent au conflit sans respecter, ou même connaître, le Droit International Humanitaire ou le Droit des Conflits Armés.

Dans le Conflit Asymétrique, les parties ne sont pas égales en structure, force, logistique, méthodes et technologie. Dans les Conflits Armés Non Internationaux, la desproportionalité est causée par les recours militaires disponibles seulement aux États, principalement le support financier des impôts payés par ses citoyens.

Actuellement d'autres acteurs sont disponibles au Théâtre d'Opérations, comme les seigneurs de la guerre, les trafiquants de stupéfiants, les organisations criminelles et les groupes terroristes, ou une mélange d'eux (Ex: des guérilleros qui ont aussi devenus des trafiquants de stupéfiants de forme à maintenir leurs opérations, et des organisations criminelles peuvent utiliser le terrorisme pour gagner l'attention du média). Tous ces groupes ont une réussite économique quand ils opèrent dans un pays faible, parce qu'ils dépensent moins argent en corruption, sécurité et déguisement.

Comme il n'y a ni de front, ni d'entités légales internationales aux deux côtés, le Conflit Asymétrique peut être mené dans plus d'un pays, et ils peuvent être lui opposant ou lui aidant, créant un Conflit Armé Internationalisé, très facile de trouver, et très difficile de prouver.

Le Conflit Asymétrique est surtout l'usage de moyes et de stratégies de combat de façon à explorer ses qualités (l'Asymétrie Positive) ou les faiblesses de l'ennemi (l'Asymétrie Négative) (GRANGE, David. Asymmetric Warfare: Old Method, New Concern.

<blackboard.jfsc.ndu.edu>). Mais la grande différence entre les parties est la vitesse en combat.

La partie le plus forte et capable dans un Conflit veut une victoire rapide, parce que le maintien d'une structure de guerre de haut technologie est vraiment coûteux, et une guerre prolongée peut devenir impopulaire parmi ses citoyens. La partie plus faible, au contraire, gagne avec un combat lent. Par la détection des erreurs du ennemi et l'attaque de points spécifiques, ils causent la démoralisation et gagnent avec moins capacité de combat.

Des acteurs Non-étatiques, pas par coïncidence, commument choisissent mettre en œuvre leurs opérations, dans les terrains et conditions unfavourables (la jungle, la montagne et le désert sont les favorites) de façon à ralentir les troupes étatiques conventionnelles et faire son support plus coûteux. En plus, ils attaquent les troupes nouvelles et inexpérimentées, et par surprise (à travers d'embuscades et de sabotages).

Il est déjà exposé que le combat de Guérilla est une méthode légale de combat dans le DIH. En plus, si un groupe n'a pas, ou ne veut pas utiliser, une voie de dialogue ou par quelque autre moyen une participation politique dans ce pays, il est raisonnable qu'ils prennent en armes pour opposer le gouvernement.

La conduite illicite émerge pour les acteurs non-étatiques, comme les terroristes, concernant le *jus ad bellum* et aussi le *jus in bello*, dans les cas illustrés ci-dessous.

Quand un terroriste fait connaître qu'il a des raisons religieuses, idéologiques ou morales pour prendre des armes contre le gouvernement, il affirme implicitement qu'il est au-dessus du Droit International Humanitaire. Donc, il croit qu'il n'a pas besoin d'obéir les règles du DIH, parce que ses objectives sont trop importants pour être limités, même par les principes humanitaires. Le *jus ad bellum* utilisé pour lutter est insoutenable, n'importe contre qui.

Sur le *jus in bello*, quand ils prennent en armes dans un environ urbaine, parmi la population civile, ils prennent abri au-dedans des Personnes Protégés dans le Loi des Conflits Armés. Cette conduite est considéré une Perfidie, et peut être considéré un Crime en Droit International. Autres exemples de Perfidie communément commises dans les conflits modernes sont les prises d'otage et l'assassinat de membres des services sanitaires, d'organisations d'aide humanitaire et de journalistes.

Le conflit terroriste est encore plus insidieux, parce qu'ils ne se déguisent seulement parmi la population civile, mais ils attaquent des cibles sensibles de cette population, en causant la terreur généralisée avec le propos de diminuer le pouvoir de police du gouvernement, ce qui fait les citoyens opposer le gouvernement.

Le pouvoir de police est une pièce importante de la souveraineté d'un État, nécessaire pour imposer la loi et l'ordre par des sanctions légales, encouragements, moyens physiques et contraindre, de façon à assurer la santé et la sécurité de ses citoyens.

En d'autres termes, diminuer le pouvoir de police est un affrontement à la souveraineté d'une Nation, donc le terroriste attaque l'existence même d'une Nation, ce qui est un crime en Droit International, comme exposé antérieurement.

Quand un pays a des terroristes (ou d'autres acteurs non-étatiques en droit international) dans son territoire, agissant au-dehors des règles du Droit International Humanitaire, et ils sont capables de mettre en œuvre leurs opérations, il y a deux possibilités: l'État supporte le groupe terroriste, ou il est incapable de s'occuper de lui.

Dans les deux cas, la communauté internationale doit intervenir quand l'État ne peut pas s'occuper des terroristes par lui-même, de forme à restaurer et maintenir la souveraineté de la Nation et protéger la population civile. Dans ces cas, il est peu probable que la diplomatie va réussir, parce que les groupes ne vont pas dialoguer, et il n'y a pas de négociation viable quand le groupe a des avantages économiques et logistiques en maintenir un État fragile comme une couverture pour leurs opérations.

Quand la situation arrive à ce niveau, une Opération de Paix est une solution disponible à la communauté internationale pour réagir contre cette menace à la paix et la sécurité internationales, et restaurer et préserver un environnement sûr et stable pour la population civile.

Le gouvernement pakistanais peut ne supporter pas Al Qa'ida activement, mais le groupe terroriste avait pris l'avantage de sa souveraineté comme un bouclier pour mettre en œuvre ses opérations, et les cibles ont été plusieurs Nations du Ouest (Les États-Unis, la France et l'Angleterre, par exemple).

La tension Washington-Islamabad en 2011 pouvait être résolue plus facilement si la communauté internationale et le Pakistan considéraient le terrorisme comme un crime en droit international, et al Qa'ida un acteur non-étatique agissant au-dehors du DIH en termes d'objectif (*jus ad bellum*) et des méthodes (*jus in bello*). De ce point de vue, l'incursion dans le territoire pakistanais est complétement authentique, et l'intention des troupes des États-Unis n'a pas été d'occuper ou de rafler un territoire étranger, mais de localiser et neutraliser un Combattant, et une personne cherchée par des crimes en droit international.

Ce cas montre le besoin qu'une opération de maintien de la paix a besoin de soldats entraînés spécifiquement pour cette forme d'opération, de façon à proportionner une capacité contreterroriste disponible pour s'occuper des pillards potentiels du procès de paix. Si les Casques Bleus ont la légitimité, ils doivent aussi avoir l'équipement et l'entraînement pour s'occuper de personnes qui ne veulent pas dialoguer ou négocier.

Nous concluons que la souveraineté étatique peut être pas seulement un bouclier pour les activités terroristes mais aussi la principale cible de la terreur. Et, dans les deux cas, une Opération de

Maintien de la Paix est une solution à la menace terroriste dans les pays fragiles, ainsi que d'autres menaces à la paix et la sécurité.

CONCLUSION

Les principales sources du Droit International Humanitaire sont coutumières, mais il y a aussi les Régulations de la Haie de 1907, sur les lois et les coutumes de la Guerre Terrestre, les Conventions de Genève de 1949, les Deux Protocoles Additionnelles de 1977, et un nombre d'autres conventions qui limitent et/ou interdisent certaines armes. Ces régulations doivent être appliquées à tous les personnes engagés au combat, n'importe quel forme de combattant il/elle est, ou la conformité à ses règles.

En plus, dans toutes les circonstances un Conflit Armé est régulé par l'Article 3 Commun aux quatre Conventions de Genève de 1949. À cet égard, la Cour Internationale de Justice lui a considéré dans les considérations minimales d'humanité, une régulation applicable aux conflits armés, soient internationaux ou pas.

Comme exposé antérieurement, dans tous les formes de conflits armés, une des plus importantes règles pour la conduite des hostilités est que tous les parties fassent la distinction entre eux-mêmes, comme parties belligérants, et les personnes pas directement impliqués au conflit, comme la population civile, les groupes armés qui se sont rendus or ont devenu *hors de combat*, par des maladies, blessures, détention ou autres causes.

En plus, tous les personnes qui ne sont pas, ou ne sont plus, participant du conflit doivent être traités humainement, et ils ne doivent pas subir des actes contre leur vie et intégrité physique, ce qui inclut des mutilations, torture et autres traitements cruels. De la même façon, toute personne engagé au combat, sans considérer sa nationalité, doit respecter les règles fondamentaux pour la conduite des hostilités, soient des forces armées, la militia, des organisations criminelles ou terroristes.

Cependant, l'asymétrie d'un conflit, spécialement les ressources technologiques, peut faire le partie défavorisé à des respecter les règles du DIH, de façon à endurer en action, c'est-à-dire, prendre la seule alternative possible pour continuer à lutter. Néanmoins, cette option est illégale, et doit être considéré un crime dans le droit international. En termes légaux, c'est comment le terrorisme naît.

Donc, de façon à prévenir la terreur, la communauté internationale doit montrer que cela n'est pas une option légale à aucune partie au conflit, et le confirmer au niveau stratégique et aussi tactique.

La meilleure voie pour le combattant survivre est d'éviter que l'ennemi lui trouve et identifier les troupes ennemies sur le terrain. Ce déguisement peut être fait par plusieurs méthodes légales (des camouflages, *ruses de guerre*, contre intelligence, etc.).

D'autre façon, si le combattant vient de le déguiser parmi la population civile, en habillant des vêtements civiles durant l'attaque, ou utilisant la proximité de personnes ou propriétés civiles pour lui protéger, pour bénéficier du statut de personne protégé, ils ne sont pas seulement déguisant eux-mêmes, mais ils sont aussi exposant la population civile au danger de dommage collatéral. Cela est Perfidie, et il est considéré un crime en droit international.

Les terroristes vont plus loin. Ils n'utilisent pas seulement la Perfidie pour mettre en œuvre leurs opérations, couvrant eux-mêmes comme non-combattants, mais ils aussi ciblent des Personnes ou Propriétés Protégés, avec l'intention de ruiner la souveraineté d'un État. Par faisant cela, ils mettent en danger le même État qui protège la population civile. Ceci est un crime contre l'humanité, et de cette forme les violateurs de la LoAC et le DIH doivent être poursuivis pour des crimes de nature internationale.

De nos jours l'esclavage et la piraterie sont considérés crimes de caractéristique international, mais à quelques siècles auparavant les efforts contre ces deux conduites illégales n'ont pas été considérées comme tel. Jusqu'à la communauté internationale est devenue consciente que l'esclavage et la piraterie doivent être luttés autour du monde, leurs responsables avaient encore des lieux sûrs pour mettre en place leurs affaires.

Pendant le dix-huitième siècle plusieurs accords internationaux ont été signés pour restreindre l'esclavage. Quelques d'entre eux ont prospéré, et plusieurs n'ont pas, dû à la manque d'institutions propres et de procédures d'imposition. Le premier document international spécifiquement lié à l'esclavage a été la Déclaration de 1815 sur l'Abolition Universelle du Commerce d'Esclaves, avec étendue et applicabilité limitées.

Dû à une évolution doctrinaire, maintenant l'esclavage est considéré:

- Un crime en droit international, en dépit d'aucune qualité de la personne (la race, le sexe, etc.);

- Quand commis par un gouvernement, il est un crime contre l'humanité;

- S'il est commis par une nation en guerre contre les citoyens de l'adversaire, un crime de guerre.

La piraterie est similaire à un acte d'agression, mais commise par des acteurs non-étatiques contre un navire. Ils ne sont pas de simples actes de vol ou de violence, mais un acte d'interférence au libre-échange parmi les nations, et une menace au commerce international. Si la communauté internationale n'ait pas considéré la piraterie comme un crime en droit international, les efforts pour lutter contre les pirates seraient palliatifs.

Le terrorism est la menace globale du XXIème Siècle, comme l'esclavage et la piraterie ont été dans le passé. La compréhension appropriée du acte criminel est essentielle pour faire une affronte pertinente, et il est raisonnable de créer que le terrorisme suivra le même chemin des menaces internationales antérieures.

Dans le passé, des menaces à la paix et la sécurité internationales ont été menées par chaque pays séparément, selon leur capacité militaire et leurs possibilités financières. Cependant, aujourd'hui une Opération de Paix est un outil capable de lutter avec ces menaces dans les pays qui n'ont pas de ressources suffisantes pour mener avec lui (des pays fragiles), parce qu'il peut apporter la légitimité et l'unité d'efforts pour tous qui mènent avec des périls à la paix.

Le terrorisme est une menace à la Souveraineté de l'État, et pourtant à l'existence d'une Nation. Soit il petit ou immense, soit la victime un État fort ou faible, il doit être considéré une menace à la paix et la sécurité internationales, et un crime en droit international, pour être lutté adéquatement au niveau tactique et aussi stratégique.

En conclusion, lutter la terreur est le défi pour la communauté internationale dans ce siècle. Des Opérations de Paix capables d'affronter le terrorisme, autorisées par leurs mandats et leurs Règles d'Engagement, et aussi autorisées à agir comme l'organe exécutif des Tribunaux Pénaux Internationaux, ensemble avec la doctrine propre du terrorisme comme un crime en droit international, et des services d'intelligence pour collecter des évidences selon le Droit International Humanitaire, sont une grande opportunité d'avoir une politique contreterroriste à long terme.

BIBLIOGRAPHIE

ABC News, Available at <www.abcnews.go.com>. Accédée le Mai 02, 2011.

BALMOND, Louis. *Droit du recours à la force*. Université de Nice, 2010.

BBC News. Available at <news.bbc.co.uk>. Accédée le Mai 02, 2011.

BOLZ, Frank Jr; DUDONIS, Kenneth J. *Counterterrorism Handbook*. CRC, 2002

BOUCHET-SAULNIER, Françoise. *La Guerre contre le terrorisme et le droit humanitaire*. Université de Nice, 2010.

BOUVIER, Antoine A. *International Humanitarian Law and the Law of Armed Conflict*. Peace Operations Training Institute, 2008.

BROWNLIE, Ian. *Principles of Public International Law*. Oxford Press, 2008.

CONOIR, Yvan. *The Conduct of Humanitarian Relief Operations: Principles of Intervention and Management*. Peace Operations Training Institute, 2008.

FOLHA ONLINE, Available at < http://www1.folha.uol.com.br/folha/reuters/> Accédée le Juin 12 2011.

GASSER, Hans Peter. *Acts of Terror, Terrorism and International Humanitarian Law*, Université de Nice, 2010.

HÅRLEMAN, Christian. *An Introduction to the UN System: Orientation for Serving on a UN Field Mission*. Peace Operations Training Institute, 2008.

JONES, Bruce. *Looking to the Future: Peace Operations in 2015*, Recueil de Lectures du Séminaire d'approfondissement des Missions de Paix de Nations Unies. UQAM, 2011.

MARIGHELLA, Carlos. *Minimanual do Guerrilheiro Urbano*, New World Liberation Front, 1970, p. 32.

MEDHURST, Paul. *Global Terrorism*. Peace Operations Training Institute, 2008.

MEYROWITZ, Henri. *Le principe de l'égalité des belligérants devant le droit de la guerre*. Université de Nice, 2010.

MILLET-DEVALLE, Anne-Sophie. *Religions et Droit International Humanitaire*. Université de Nice, 2010.

SECONDAT, Charles de (Baron de Montesquieu). *L'esprit des lois*. Université de Nice, 2010.

MOULIER, Isabelle. *La répression des crimes de Droit International*. Université de Nice, 2010.

PICTET, Jean. *Les principes du Droit International Humanitaire*. Université de Nice, 2010.

PROGRAMME HUMANMED. *Guerre Asymétrique et droit international humanitaire, possibilités de développement*. Université de Nice, 2010.

RAM, Sunil. *The History of United Nations Peacekeeping Operations During the Cold War: from 1945 to 1987*. Peace Operations Training Institute, 2008.

RAM, Sunil. *The History of United Nations Peacekeeping Operations Following the Cold War: from 1988 to 1996*. Peace Operations Training Institute, 2008.

RAM, Sunil. *The History of United Nations Peacekeeping Operations From Retrenchment to Resurgence: 1997 to 2006*. Peace Operations Training Institute, 2008.

REPORT OF THE INTERNATIONAL COMMISSION OF JURISTS, *Assessing Damage, Urging Action*. Report of the Eminent Jurists Panel on Terrorism, Counter-Terrorism and Human Rights. Université de Nice, 2008, pg. 83.

RESENHA ONLINE. Available at <www.exercito.gov.br>. Accédée le Juillet 10, 2011.

RONA, Gabor. *Interesting Times for International Humanitarian Law: Challenges from the War on Terror*. Université de Nice, 2010.

ROTH, Kenneth. *The Law of War in the War on Terror*. Université de Nice, 2010.

ROUSSEAU, Jean-Jacques. *Du Contrat Social*. Université de Nice, 2010.

SOBEL, Lester A. *Political Terrorism,* Facts on File, New York, 1978.

UNITED NATIONS. Security Council Resolutions and other UN documents. Disponible à <www.un.org>. Accédée le Juin 10 2010.

VEUTHEY, Michel. *Cours de Droit International Humanitaire*. Université de Nice, 2010.

VEUTHEY, Michel. *Perspectives et propositions pour mieux faire respecter le droit international humanitaire*. Université de Nice, 2010.

WILKERSON, Philip R., RINALDO, Richard J. *Principles for the Conduct of Peace Support Operations*. Peace Operations Training Institute, 2008.

###

Ce livre est l'opinion de l'auteur, et rien en plus; il ne représente pas l'opinion d'aucun gouvernement, organisation ou aucun tiers.

Ainsi, il n'a aucune information confidentielle ou sensible. Je joue toujours par les règles.

Je vous remercie pour votre intérêt en lire cet ebook. Je l'ai vraiment apprécié.

Certainement beaucoup de personnes ne vont pas concorder avec lui, comme c'est commun dans toutes les discussions sur la loi... Alors je voudrais savoir votre point de vue.

Soyez confortable pour envoyer des suggestions, commentaires et opinions à rogeriocietto@uol.com.br, sujet Combattant le Bon Combat. Votre email est très bienvenu.

J'ai le regret d'informer que vous ne me trouvera pas dans le Facebook, Twitter, Orkut ou aucune autre media similaire.

Quelques informations sur moi:

Formation Académique

1998 - 2002 - Baccalauréat en Droit.

Faculté de Droit d'Itu, Faditu, Brésil

2004 - 2005 – Études Supérieures en Droit Fiscal.

Faculté de Droit d'Itu, Faditu, Brésil

2008 - 2008 - Études Supérieures en Applications Complémentaires aux Sciences Militaires - Droit.

École d'Administration de l'Armée, EsAEx, Salvador, Brésil

2009 - 2010 - Études Supérieures (Spécialisation) en Droit International Humanitaire

Programme HUMANMED - Université de Nice, France

2011 - 2012 - Qualification Professionnelle en Opérations de Paix

Institut d'Entraînement des Opérations de Paix, États-Unis de l'Amérique

Des Organisations Militaires que j'ai été:

2008 - École d'Administration de l'Armée, Salvador, Brésil

2009 - 8ème Région Militaire, Forêt Amazonienne, Belém, Brésil

2010 – Compagnie de Frontière Amapá, Oiapoque, Brésil

2011 - Département de Génie et de Construction, Brasília, Brésil

2012 – Bataillon Brésilien en Haïti, Port-au-Prince, Haïti

2013 – Commande d'Opérations Spéciales, Goiânia, Brésil